Die Linda Tellington-Jones
Reitschule

Linda Tellington-Jones
Andrea Pabel · Hilmar Pabel

Die Linda Tellington-Jones Reitschule

Mehr Spaß und Erfolg mit TTEAM und TTOUCH

Kosmos

Diese Seite heißt in der Fachsprache der Verlage „Impressum". Oft steht sie auch am Ende eines Buches, und immer erfährt man daraus, wer dieses Buch gemacht hat: Die Autoren, Fotografen, Illustratoren – Männer und Frauen –, die Mitarbeiter und Mitarbeiterinnen in den Verlagen und in den technischen Betrieben wie Setzerei, Reproanstalt, Druckerei und Binderei.

Die s/w-Tiervignetten in den Kästen „Auf einen Blick" sind von Marianne Golte-Bechtle, die auch die s/W-Zeichnungen auf den Seiten 19, 28, 41, 45, 48, 49, 50, 51, 54 und 90 machte. Die Zeichnung auf S. 17 ist von Rahel Schale. Alle anderen s/w-Illustrationen stammen aus dem Archiv von Linda Tellington-Jones.

„Angie", der Pferdeengel, wurde von Gisela Dürr gestaltet und der Umschlag von eStudio Calamar, unter Verwendung von Fotos von Hilmar Pabel und Gabriele Metz, Mülheim (Darstellung der Autorin).

Hilmar Pabel, Rimsting, hat fast alle 346 Farbfotos in diesem Buch gemacht. Acht weitere Farbfotos kommen von: Maria Verdicchio, Vancouver/Kanada, Seite 7 (Mitte links); Edgar Schöpal, Düsseldorf, S. 13 (unten); Sarah Fisher, Bath/ Großbritannien, S. 32; Andrea Pabel, Taos/New Mexiko, s. 67 (oben und Mitte), S. 104 (oben rechts). Die beiden Farbfotos auf den Seiten 13 (Mitte) und 87 stammen, ebenso wie die s/w-Fotos der Seiten 10–12, aus dem persönlichen Fotoalbum von Linda Tellington-Jones.

Bibliografische Information der Deutschen Bibliothek
Die Deutsche Bibliothek verzeichnet diese Publikation in der deutschen Nationalbibliografie; detaillierte bibliografische Daten sind im Internet über http://dnb.ddb.de abrufbar.

Informationen senden wir Ihnen gerne zu

Bücher · Kalender · Spiele Experimentierkästen · CDs · Videos
Natur · Garten & Zimmerpflanzen · Heimtiere · Pferde & Reiten · Astronomie · Angeln & Jagd · Eisenbahn & Nutzfahrzeuge · Kinder & Jugend

KOSMOS

Postfach 10 60 11
D-70049 Stuttgart
TELEFON +49 (0)711-2191-0
FAX +49 (0)711-2191-422
WEB www.kosmos.de
E-MAIL info@kosmos.de

Gedruckt auf chlorfrei gebleichtem Papier

2. Auflage 2003
© 1996, Franckh-Kosmos Verlags-GmbH & Co., Stuttgart
ISBN 3-440-09584-3
Lektorat: Almuth Sieben
Printed in Italy/Imprimé en Italie
Herstellung: Die Herstellung, Stuttgart
Satz und Repro: Utesch GmbH, Hamburg
Druck und Bindung: Printer Trento S.R.L., Trento

Kosmos Verlag
Mitglied in der

ILPH

DVSP e.V.

Deutsche Vereinigung zum Schutz des Pferdes e.V.
Wienkamp 11 rechts
46354 Südlohn

Ich widme dieses Buch
meiner Schwester Robyn Hood,
aber auch allen Kindern, die Pferde lieben
und sie so behandeln, wie sie selbst
behandelt werden möchten.

Inhalt

Lindas Tip

Hier im Inhaltsverzeichnis stehen alle Themen und Kapitel des Buches. Darin gibt es viel Informationen und Wissen, aber zwischendurch erzähle ich immer wieder Geschichten, die ich mit Pferden erlebt habe. Dazu Tips, Ideen, Angies Meinung und viele, viele Fotos und Zeichnungen, die alles noch anschaulicher und verständlicher machen.

❋ Laß dich nicht entmutigen, wenn sich manches in der Beschreibung schwierig anhört. Sieh dir alles zusammen in Ruhe Schritt für Schritt an und versuche, es dir so genau wie möglich vorzustellen, bevor du anfängst zu üben. Es gibt auch Kurse, andere Bücher und Videos zur TTEAM-Arbeit (mehr dazu auf S. 116)

❋ Wenn du schnell etwas Bestimmtes im Buch finden möchtest, kannst du auch im Register auf der Seite 117 das passende Stichwort suchen. Es verweist dich dann auf die richtigen Stellen im Buch.

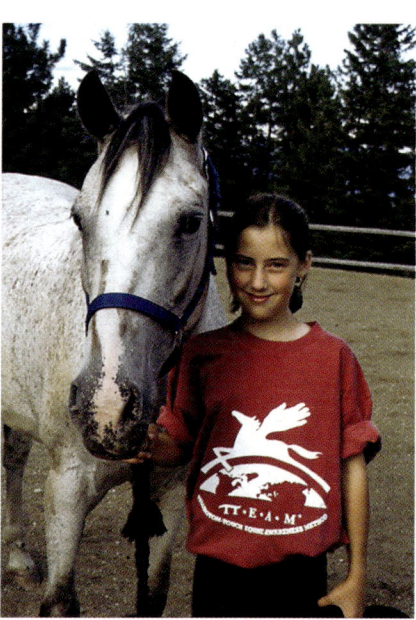

Ich bin Allison, 11 Jahre alt, und mein Lieblingspferd ist Frissi, ein Isländer. Ich reite seit fünf Jahren.

Angie meint

Ich bin Angie, der Schutzengel der Pferde. Viel zu oft werden Pferde nicht verstanden und schlecht behandelt. Ich wünsche mir, daß du zu Pferden immer freundlich und fair bist. In diesem Buch spreche ich für die Pferde, damit du dich besser in sie hineinfühlen kannst. Denn nur so werden Pferde wirklich deine Freunde, und du kannst soviel von ihnen lernen!

Ich bin Amadeus und fünf Jahre alt.

Ich bin Shanti, 9 Jahre, und reite seit drei Jahren. Mein Pony Pepper ist schon 19 Jahre und wirklich mein Freund.

Ich bin Claire, 10 Jahre alt, und ich habe zwei Lieblingspferde zu Hause: Jed und die Appalousastute Demi.

Ich bin Talia, 13 Jahre alt, und reite seit zwei Jahren. Mein Pferd heißt Oliver und ist eine Vollblut-Kreuzung.

Ich bin Mandy und 13 Jahre alt. Mein erstes eigenes Pferd hieß Borkur, das habe ich selbst eingeritten.

Ich bin Geoff, 13 Jahre alt, und reite noch nicht lange. Es macht mir großen Spaß, und ich mag Pferde sehr.

Auf einen Blick

Was ist TTEAM®?

TTEAM ist die Abkürzung für die englische Bezeichnung „Tellington-Jones Equine Awareness Method" (Tellington-Jones-Pferde-Bewußt-heits-Methode). Sie ermöglicht es, Pferde durch ungewohnte Bewegungsabläufe und Berührungen zu sicheren und kooperativen Partnern auszubilden, sie positiv zu beeinflussen und eine tiefere Beziehung zu ihnen aufzubauen.

Die TTEAM-Methode wird in drei Bereichen unterrichtet:

✱ Der TTouch® – eine bestimmte Art von Berührungen am ganzen Pferdekörper.

✱ Die Bodenarbeit – das Führen der Pferde in unterschiedlichen Führpositionen und die Arbeit mit Bodenhindernissen.

✱ Reiten mit Freude und Bewußtheit – Reiten auf der Basis des Balancesitzes.

Das ® hinter TTEAM und TTouch bedeutet, daß die Namen dieser Methoden gesetzlich geschützt sind.

Ich möchte mich bedanken

Dieses Buch ist aus der intensiven Zusammenarbeit vieler Menschen entstanden, die während des Projekts eine große Familie bildeten. In amerikanischen Büchern ist es eine gute Tradition, den Beteiligten zu danken, und ich möchte es auch hier tun.

Zuallererst gelten mein großer Dank und meine Hochachtung unserem Fotografen Hilmar Pabel, der uns mit seinen 85 Jahren in Erstaunen und Bewunderung versetzte. Seine Energie, seine Kondition und seine Gabe, auch unter schwierigsten Verhältnissen während meines Reitkurses in Kanada über zweitausend Fotos zu machen, ermutigte und inspirierte uns alle immer wieder.
Dank gilt auch seiner Frau Romy, die uns nach Kanada begleitete. Ihre Geduld und zupackende Art habe ich ebenso genossen wie ihre wundervolle Gastfreundschaft in Pabels Haus am Chiemsee.

Dort erarbeiteten wir die Endfassung des Buches mit meiner Co-Autorin Andrea Pabel, die meine Arbeit mit Kindern in unnachahmlicher Weise vorzustellen versteht.
Als die zwanzigjährige Andrea Anfang der achtziger Jahre an meinem Ausbildungsprogramm für TTEAM-Lehrer teilnahm, hätte ich mir nicht träumen lassen, daß wir eines Tages ein Buch zusammen schreiben würden. Ihre große Erfahrung im Umgang mit Pferden und als TTEAM-Lehrerin, ihre Feldenkrais-Ausbildung und ihr schriftstellerisches Können trugen ganz wesentlich zum Gelingen des Projekts bei.

Mein herzlicher Dank gilt außerdem:
✳ Meiner Schwester Robyn und meinem Schwager Phil, die uns ihr Isländergestüt mit mehr als hundert Pferden für den TTEAM-Kurs zur Verfügung stellten. Robyn hatte schon in den siebziger Jahren bei mir in Kalifornien Reitlehrer ausgebildet, und ich war glücklich, diese Form der Zusammenarbeit wieder aufnehmen zu können.
✳ Christine Schwarz, der Mitarbeiterin von Robyn und Phil auf ihrem Gestüt, und Christines Mutter, Ursula Schwarz, die unsere Gruppe anfeuerten, ermutigten und mit köstlichen Mittagessen versorgten.
✳ Sheila Goertz vom Asmara Arabergestüt;

✳ Maria Verdiccio, die uns umsichtig bei den Pferden unterstützte und überall half, wo es nötig war;
✳ Erika Müller, langjährige Chefredakteurin der „Freizeit im Sattel", für ihre hilfreichen Hinweise bei der Planung des Buches;
✳ Kate Prentice und ihrer Mutter Delphine für die warmherzige Aufnahme und Bewirtung in ihrem Landhaus bei London, wo wir uns zur Bildauswahl trafen;
✳ Kirsten Henry, die mit mir in Santa Fe die Umbruchkorrektur überprüfte;
✳ Hans Schindler für sein tiefes Verständnis meiner Arbeit und sein einfühlsames Nachwort.

Alle Kinder und Helfer sind auf diesem Foto versammelt. Und zur Entspannung machen wir gerade Ohrenarbeit. Die tut nicht nur Pferden gut.

✳ Stefan und Andrea Bundschuh, den Gestütsleitern vom „Fohlenhof", und seinem Besitzer, Michael Davies;
✳ Hilda und Ron Wohlford von der Aspengrove Reitschule, die uns so großzügig ihre Schulpferde und ihre Reitanlage zur Verfügung stellten;
✳ Emmy Kennedy, unserer humorvollen Gastgeberin im „Bed & Breakfast Falcon's Nest", deren Haus wir in Beschlag nahmen;
✳ Sandra Wilson, die Shanti und Claire begleitete und sich so wunderbar mit Amadeus, Andrea Pabels fünfjährigem Sohn, verstand;

Fünf Mädchen und zwei Jungen hatte ich im Sommer 1995 für eine Woche zu diesem TTEAM-Reitkurs nach Vernon in Kanada eingeladen. Jedem von ihnen möchte ich für seinen Beitrag danken:
✳ meiner Nichte Mandy, die kurz vorher von einem sehr anstrengenden internationalen Reitertreffen für Jugendliche in Luxemburg zurückgekommen war und trotzdem von Anfang an mitmachte;
✳ den Geschwistern Geoff und Allison, die beide noch nicht so lange reiten und doch unermüdlich und

Lindas Tip

❊ Ich habe mein Leben lang viele Pferderassen geritten, und auch in diesem Buch kommen unterschiedliche Pferde vor. Von allen können wir etwas lernen, und gerade die Vielfalt bringt mehr Spaß, Erfahrung und Wissen. Nutzt jede Gelegenheit, verschiedene Pferde kennenzulernen und zu reiten.

❊ Die Kinder aus meinem Reitkurs haben mir manchmal Löcher in den Bauch gefragt, warum ich etwas so mache und nicht so, wie sie es von zu Hause oder aus ihren Reitschulen kennen. Vielleicht stellt ihr euch manchmal ähnliche Fragen, wenn ihr in diesem Buch blättert und lest. Ich wünsche mir, daß ihr alles, was ihr mit euren Pferden macht, prüft, eure „Antennen" ausfahrt und dann entscheidet, was ihr annehmen oder ablehnen wollt. Es gibt viele verschiedene Reitweisen und jede hat ihre Berechtigung, wenn sie durchdacht und gut für Pferde und Reiter ist.

Im Gespräch mit meiner Co-Autorin, Andrea Pabel.

Mit meiner Schwester und engsten Mitarbeiterin, Robyn Hood.

Unser Fotograf Hilmar Pabel, von morgens bis abends in Aktion.

Hilmar Pabel hat uns die ersten Fotos gebracht. Wir haben die Auswahl!

immer gut gelaunt beim Kurs dabei waren;

❊ Claire und Shanti, die ich beide seit ihrer Geburt kenne. Mit drei Jahren saß Shanti bereits auf dem Rücken meiner Pferde. Noch bevor Claire laufen konnte, nahm ich sie zu Pferd in einem Rucksack mit, und wir suchten im Wald nach Feen;

❊ Talia, deren Mutter Leora Gaster und Großmutter Mia Segal mir Freunde und eine zweite Familie sind. Ich habe Talia aufwachsen sehen, und es ist wunderbar, mitzuerleben, wie sie durch ihre Pferdeliebe zu einer erfolgreichen Reiterin wurde;

❊ Amadeus, Sohn von Andrea und Enkel von Romy und Hilmar Pabel, dessen Mut und Sportlichkeit außergewöhnlich sind. Es war ein Vergnügen, ihn mit seinen fünf Jahren auf dem Pferderücken zu sehen.

Danken möchte ich auch allen Mitarbeiterinnen und Mitarbeitern des Franckh-Kosmos Verlags, die an diesem Buch beteiligt waren, sowie Herrn Meffert, der mich immer wieder seiner Unterstützung versicherte. Das gilt auch für Almuth Sieben, die dieses Projekt persönlich betreute und viel Zeit und Liebe in seine Kon-

zeption und Realisierung investierte. Abschließend gebührt mein Dank allen Pferden. Ohne sie würde es dieses Buch nicht geben. Und ich wünsche mir, daß alle Kinder, die es lesen, Pferde als Persönlichkeiten und Lehrer achten und sie so behandeln, wie sie an ihrer Stelle behandelt werden möchten.

Linda Tellington-Jones

Ein Leben für die Pferde

"Früh übt sich..." Hier probiere ich auf dem Schoß meiner Taute Helen mit 11 Monaten den Touch am Ohr eines jungen Bären aus!

Mit meiner kleinen Schwester Susan auf unserer unvergeßlichen "Beauty"!

Es muß kein Pferd sein! Mein Stierkalb Duke ließ sich gern von mir reiten.

Ich hatte das Glück, in einer großen Familie mit zwei Schwestern und drei Brüdern auf einer Farm bei Edmonton in Kanada aufzuwachsen. Edmonton liegt im Bundesstaat Alberta, also im Westen des Landes. Tiere, besonders Pferde, gehörten bei uns einfach zur Familie! Mit sechs Jahren bekam ich zum Schulanfang keine Schultüte, sondern mein erstes eigenes Pferd! Das hatte allerdings einen ganz praktischen Grund: Es gab damals im ländlichen Kanada keinen Schulbus, und meine Fuchsstute Trixie war das einzige „Transportmittel" zur Schule. Also hieß es, jeden Tag und bei jedem Wetter gute sieben Kilometer zu reiten.

Trixie war kein einfaches Pferd. Sie hatte eine starke Persönlichkeit mit eigenem Willen. Bei unserem ersten Proberitt in der Reitbahn konnte ich sie nicht davon abhalten, einfach mit mir in ihren Stall zurückzulaufen. Warum mein Vater sie trotzdem für mich kaufte, bleibt mir bis heute ein Rätsel. Vielleicht stand einfach kein anderes Pferd zum Verkauf. Später stieg ich oft unfreiwillig ab, während Trixie wie der Wind allein nach Hause lief. Einmal ärgerte ich mich so darüber, daß ich ihr zur Strafe Wäscheklammern an die Ohren steckte – mein erster Versuch von Ohrenarbeit! Leider half es bei Trixie gar nichts!

Mit elf Jahren lernte ich täglich in Briarcrest, einem sehr guten Reitstall und Ausbildungszentrum für Springpferde bei uns in der Nähe. Unter der fachkundigen Anleitung von Alice Greaves, der Leiterin der Schule, ritt ich bald Pferde ein und gewann viele Turnierprüfungen. Jeden Tag nach der Schule trainierte ich drei bis vier Pferde. Ich vermute, daß dieses tägliche Reiten so vieler Pferde, verbunden mit meiner besonderen Beziehung zu ihnen, das Geheimnis

meines Erfolgs war. Ich fühlte mich eins mit ihnen. Wenn wir an den Start gingen, versuchten wir einfach, gemeinsam unser Bestes zu geben.

Erste Erfolge

Mit 13 Jahren begann ich selbst in Briarcrest Reitunterricht zu geben. Damals hatte ich eine wundervolle Stute, die Angel hieß und ihrem Namen alle Ehre machte. Ich konnte sie ohne Sattel und Zaumzeug von der Weide in den Stall reiten. Das machte uns beiden einen solchen Spaß, daß ich sie auch auf unserem Reitplatz manchmal ohne Sattel und Zaumzeug ritt. Als ich 14 Jahre alt war, absolvierte ich mit ihr auf diese Weise einen ganzen Springparcours. Nie werde ich das herrliche Gefühl vergessen, auf ihrem Rücken über die Hindernisse zu fliegen!

Mit 16 Jahren nahm ich an der berühmten Edmonton Spring Horseshow teil, einem jährlich stattfindenden neuntägigen Reitturnier. Dort geschah etwas Unerwartetes: Der Reiter des Quarterhorses „Bouncing Buster" brach sich den Arm und bat mich, sein Pferd für ihn zu übernehmen. So ritt ich den Wallach, der nur 1,50 m Stockmaß hatte, in einem Mächtigkeitsspringen. Wir qualifizierten uns für das Stechen und gewannen die Prüfung mit Sprüngen über 1,80 m, obwohl ich „Bouncing Buster" nie zuvor geritten hatte! Meine Erfahrung mit so vielen unterschiedlichen Pferden kam mir wieder zugute, und „Bouncing Buster" war einfach ein phantastisches Springpferd.

Einige Jahre später heiratete ich und zog mit meinem Mann Wentworth Tellington nach Kalifornien. Went hatte seine reiterliche Ausbildung in der amerikanischen Kavallerie erhalten und war ein hervorragender „Horseman". Wir gingen zusammen als Lehrer an ein Internat bei Los Angeles, wo ich vier Jahre lang Sozialkunde unterrichtete und die Reitschüler und Pferde betreute. In dieser Zeit machte ich auch meine ersten Erfahrungen mit dem therapeutischen Reiten. Ich gab einem zwölfjährigen taubstummen Mädchen Reitunterricht. Sie lernte nicht nur Reiten, sondern nahm auch erfolgreich an Jagdrennen und Jagdspringen teil. Jahre später entwickelte ich dreimonatige Programme für geistig behinderte Jugendliche. Besonders das Reiten ohne Sattel gab ihnen ein Gefühl von Unabhängigkeit und stärkte ihr Selbstvertrauen. Außerdem gab ich im „US Pony Club" Reitunterricht, einer Organisation, die Jugendliche bis zur Olympiareife ausbildet.

1960 gründeten mein Mann und ich die Hemet Vollblutfarm im Süden Kaliforniens. 80 Vollblutzuchtstuten, vier Deckhengste und 20 arabische Zuchtstuten hielten wir auf unseren saftigen Weiden. In dieser Zeit begannen wir, jeden Sommer ein vierwöchiges Ferienlager für Kinder und Jugendliche zu organisieren. Wir brachten ihnen bei, ihren Pferden zu vertrauen und sicher im Sattel zu sitzen – Grundvoraussetzungen, um wirklich Spaß am Reiten zu haben. Und sie lernten noch viel mehr: Horsemanship und alles, was mit Pferden zu tun hat. Spaß wurde in unseren Ferienlagern groß geschrieben. Wir sprangen ohne Sattel, die Hände zur Seite ausgestreckt, gingen mit den Pferden schwimmen und veranstalteten Reiterspiele.

1964 gründeten Went und ich die „Pacific Coast Equestrian Research Farm and School of Horsemanship", ein Forschungszentrum und eine Ausbildungsstätte für Reitlehrer. Doch nach vielen Jahren wurde mir

bewußt, daß der Sinn meines Lebens nicht länger darin bestehen konnte, mit Reitschülern erfolgreich an Turnieren teilzunehmen.
Ich hatte das Gefühl, daß ich mehr Menschen vermitteln mußte, welch eine wichtige Rolle Tiere in unserem Leben spielen, und wieviel wir von und mit ihnen lernen können. Sobald mir das wirklich klar war, schloß ich meine Schule, verkaufte meine Pferde in gute Hände und machte mich auf den Weg. Ich wollte weiterlernen und nicht nur unterrichten. Ich suchte eine neue Herausforderung.

Neue Wege

Ich stelle mir oft vor, ich hätte Fühler auf dem Kopf, so ähnlich wie Antennen. Mit ihnen horche ich aufmerksam in meine Umgebung, um herauszufinden, welche Richtung ich einschlagen könnte. Wenn ich kein gutes Gefühl bei einer Sache habe, mache ich sie nicht, aber wenn meine Fühler „Ja" sagen, lasse ich mich darauf ein. Damals führten sie mich nach Deutschland, wo ich Ursula Bruns begegnete, die mich zu meiner ersten Equitana einlud. Während meines Aufenthaltes in Deutschland arbeitete ich mit vielen Pferden, unter anderem auch einige Monate auf der Jugendfarm von Familie Boehm in Stuttgart. Dorthin können Kinder des Nachmittags zum Spielen kommen, Tiere versorgen und sogar reiten lernen.

1975 begann ich eine Ausbildung in der Feldenkrais-Methode. Dabei lernen Menschen, durch ungewohnte Bewegungen ihren Körper anders als bisher zu bewegen und einzusetzen. Dadurch verbessern zum Beispiel Sportler ihre Leistungen und erholen sich schneller nach Verletzungen. Zuerst dachte ich daran, die Feldenkrais-Methode bei der Ausbildung von Reitlehrern einzusetzen. Aber plötzlich traf mich der Gedanke wie

Zwei, die sich verstehen: mit „Blaze" auf der Koppel.

Mit 15 Jahren auf der „Edmonton Spring Horse Show".

Angeführt von Mom und Dad gewinnen wir 1953 den „Familienpreis" auf dem Turnier in Edmonton.

11

1961 mit Bint Gulida in den Sanddünen bei Del Mar. Vier Wochen zuvor haben wir ein Hundertmeilenrennen gewonnen!

Im Sattel meiner geliebten Bint Gulida, zwei Wochen nachdem sie ihren Distanzrekord aufgestellt hat!

Gemeinsam überfliegen wir das Hindernis bei einem Jagdspringen im Jahre 1973.

ein Blitz: Wenn diese Arbeit bei Menschen funktioniert, warum dann nicht auch bei Pferden? Sie haben doch, ebenso wie wir, ein Nervensystem, ein Skelett und Bewegungsmuster. Dieser Gedanke ließ mich nicht mehr los, und ich konnte es kaum erwarten, ihn in der Praxis auszuprobieren.

Die Gelegenheit bot sich bald. Ich arbeitete mit der Stute eines Freundes nach der Feldenkrais-Methode und war von den Ergebnissen überrascht. Ihre Reaktion übertraf meine Erwartungen bei weitem.

Mit der Zeit begann ich, auf der Grundlage der Feldenkrais-Methode ein eigenes System der Körperarbeit für Pferde zu entwickeln und zu unterrichten: den TTouch, eine bestimmte Art kreisförmiger Berührungen. Gleichzeitig beschäftigte ich mich mit alten und neuen Übungen aus der Bodenarbeit. Im Laufe der Jahre entstand aus beidem die TTEAM-Methode. Meine Arbeit mit Pferden ist inzwischen so anerkannt, daß ich 1992 mit der „Lifetime Achievement Award for the Outstanding Contribution to the Art and Science of Riding" (eine Auszeichnung für außergewöhnliche Beiträge zur Kunst und Erforschung des Reitens) vom Verband der amerikanischen Reitlehrer geehrt wurde. Diese Auszeichnung wird nur selten vergeben, und ich bin wirklich stolz darauf. Zu meiner großen Freude und Überraschung ernannte mich die „North American Horseman Association", das ist der nordamerikanische Reiterverband, ein Jahr später außerdem zur „Horsewoman of the Year 1993", zur Pferdefrau des Jahres.

Hilfe für „Free Willy"

Mittlerweile arbeite ich nicht nur mit Pferden, sondern mit vielen verschiedenen Tieren: Affen, Schlangen, Bären, Katzen und Hunden. Ich habe in großen Zoos vieler Länder Tieren

wie Leguanen, Vögeln und Tigern mit dem TTouch helfen können. Vielleicht kennst du den Orca-Wal, der die Hauptrolle im Tierfilm „Free Willy" spielt. Er war von der Gefangenschaft im engen Becken so gestreßt, daß er dringend Hilfe brauchte. Ich habe seinen riesigen Körper mit dem TTouch behandelt und sein Vertrauen gewonnen. Danach ließ er auch den Tierarzt wieder an sich heran.

„Wie machen Sie das nur, mit so verschiedenen Tieren zu arbeiten?" werde ich oft gefragt.

Ich stelle mich ganz auf das Tier ein. Nach einer Weile habe ich das Gefühl, als seien wir eins. Wenn man es genau bedenkt, haben wir Menschen viel mehr Gemeinsamkeiten mit den Tieren, als wir glauben.

Ich habe festgestellt, daß ihr Kinder euch oft ganz natürlich mit Tieren verständigt. Die meisten Erwachsenen haben diese Verbindung leider oft im Laufe des Erwachsenwerdens verloren. Mit meiner Arbeit möchte ich ihnen helfen, diese verschüttete Beziehung wiederzufinden und ihnen ein neues Gefühl dafür zu geben.

Ihr Kinder habt die Geduld, stundenlang in der Box bei eurem Pferd zu sitzen, es zu streicheln und mit ihm zu sprechen. Eure Liebe zu Pferden ist so lebendig und ungetrübt, daß Pferde oft die erstaunlichsten Dinge für euch tun. Ein Erwachsener könnte sie ihnen weder mit Zuckerbrot noch Peitsche abringen.

Dieses Buch ist deshalb für euch, die pferdebegeisterten Kinder und jungen Menschen, geschrieben. Aber auch Erwachsene können Neues und Interessantes darin finden. Ihr könnt es ihnen zeigen und mit ihnen darüber sprechen.

Ich wünsche euch, daß ihr eure tiefe Verbundenheit zu Pferden gar nicht erst verliert. Ich möchte euch Wege zeigen, wie ihr die Freundschaft zu ihnen erhaltet und den Zauber dieser Beziehung bewahren könnt. Das wird euch und eure Pferde zufriedener und erfolgreicher machen. Dabei spielt es keine Rolle, ob ihr einfach zum Vergnügen reitet oder an Wettbewerben teilnehmt.

Vor einigen Jahren habe ich ein Gedicht geschrieben, das gut zu diesem Buch paßt. Deshalb habe ich es hier in meiner Muttersprache Englisch aufgenommen.
Ich bin sicher, daß ihr es versteht.

Unsere Familie „Die reitenden Hoods" am achtzigsten Geburtstag meines Vaters 1989!

Angel Guardians of the Animals

Fairies care for nature
Yes?
But how about animals
Must I guess?
Or need I only ask
Are animals also
A fairy task?

The answer comes back
Loud and clear
The angels care
For animals dear

The animal spirits
Gather 'round
Their loving protection
Does abound

Each species has
An angel guide
Close to protect them
At their side

If you open your heart
You'll see them there
Soften your eyes
You cannot stare
Their loving presence
Fills the air

As you reach out
and caress an animal
friend, you also, will
be touched by the presence
of angelic gentleness and
filled with the spirit of light

Protected closely
In the night
The feathered softness
Of etheric wings
Brings sweet melody
When an angel sings

So open your ears
To celebrate songs
You may even hear
Chanting
And sacred gongs

Still your breath
To feel movement of air
When you sit
With your horse
Or your dog
Or your hare
Always remember
The angels are there.

Ein empfindsamer Riese! Der Orca-Wal, der „Free Willy" spielte, genießt den TTouch am ganzen Körper.

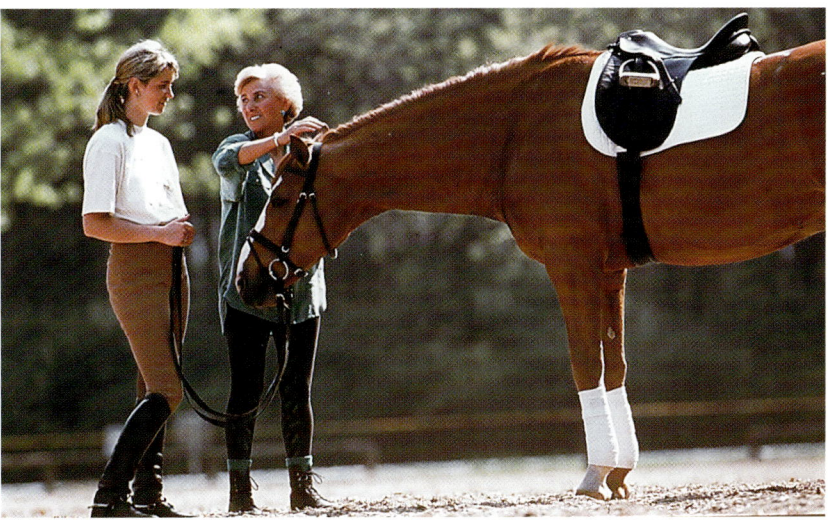

„Es wird immer besser". Kleine Besprechung mit Nicole Uphoff-Becker und „Daydream" nach der TEAM-Arbeit.

Bei den Islandpferden

An einem kühlen Augustmorgen treffen wir uns alle morgens auf der Farm meiner Schwester Robyn Hood und meines Schwagers Phil Pretty. Sie züchten in den grünen Hügeln bei Vernon in Kanada Islandpferde. Ihre Tochter Mandy hat das Glück, hier aufzuwachsen und kennt Isländer selbstverständlich gut. Auch ihre Freunde, die Geschwister Allison und Geoff aus der Nachbarschaft, sind fast täglich auf dem Gestüt. Aber die anderen Kinder hatten noch nicht mit Isländern zu tun!

Ich schlage als erstes einen Rundgang über die Weiden vor, damit wir die Pferde kennenlernen können. „Ich dachte, wir reiten gleich!" ruft Claire.

„Später", tröste ich sie, „erst beobachten wir die Pferde ein wenig. Das ist wirklich spannend! Ich komme mir dabei manchmal vor wie eine Detektivin. Und je besser wir ein Pferd kennen, desto besser können wir es verstehen und richtig behandeln."

Wir sind zu einer großen Weide mit Fohlen und Stuten gekommen. Auch der Deckhengst grast zufrieden zwischen ihnen.

„Jetzt schaut gut hin: Wie verhalten sich die Pferde untereinander? Welche Pferde jagen die anderen davon, welche kommen auf dich zu, welche sind eher zurückhaltend, ängstlich oder gar mißtrauisch?"

„Da spielen zwei Fohlen miteinander!" ruft Shanti.

Die beiden zwicken einander in die Hälse, steigen auf die Hinterbeine und jagen dann im Galopp davon – offensichtlich zwei Freunde.

Eine mausgraue Stute kommt langsam näher und begrüßt uns, andere Pferde scheint unser Besuch nicht sehr zu interessieren.

Nach einer Weile holen wir vier ruhige Pferde auf eine kleine Koppel, um sie uns genauer anzuschauen. „Was seht ihr?" frage ich, und schon beginnen wir, Eindrücke zu sammeln. Wir vergleichen den Körperbau, die Form und die Stellung der Ohren und sehen uns die Nüstern an. Dann kommen wir noch näher und suchen nach Wirbeln unter den dichten Stirnlocken der Pferde. Jedes ist anders, jedes hat eine andere Kopfform, andere Augen und Ohren. Aus all diesen Merkmalen kann ich etwas über die Persönlichkeit eines Pferdes, über seinen Charakter herauslesen. Mein Großvater Will Caywood, der zur Zeit des Zaren Nicholas II. als „Trainer des Jahres 1905" auf der Moskauer Rennbahn ausgezeichnet wurde, erzählte mir zum Beispiel von der Bedeutung der Gesichtswirbel eines Pferdes.

Später habe ich in aller Welt Studien zur Persönlichkeit von Pferden betrieben, ein Forschungsprojekt zu diesem Thema geleitet und ein Buch darüber geschrieben.

Hier sind ein paar Anhaltspunkte für die Kunst, die Persönlichkeit eines Pferdes einzuschätzen: Pferde mit Ohren, die an den Spitzen weiter auseinander stehen als an der Basis, haben meist ein ruhiges Temperament. Pferde mit herzförmig geschwungener Oberlippe sind sehr neugierig und genießen den Kontakt zu Menschen oft besonders. Ein flaches, weiches Kinn zeichnet

Angie meint

Glaubst du etwa, Pferde hätten keine Gefühle? Ich kannte ein Pferd, das tagelang nicht gefressen hat, weil man ihm seinen Weidegefährten weggenommen hatte. Jedes Pferd empfindet Trauer und Ärger, Freude und Schmerzen, kann sich ängstlich oder mutig fühlen. Achte einmal darauf, wie dein Pferd seine Gefühle ausdrückt! Dann wirst du es noch besser verstehen.

Eine Schimmelstute nähert sich interessiert unserer Gruppe.

Sie genießt den TTouch an Maul und Oberlippe.

Pferde aus, die sehr intelligent und erfinderisch sind, zum Beispiel wenn es an das Lösen von Knoten oder um das Öffnen der Stalltür geht.

Natürlich kommt es bei der Beurteilung eines Pferdes auf die Kombination der Merkmale an und darauf, wie das Pferd gehalten, behandelt und geritten wird.

„Es lohnt sich wirklich, eure Pferde gut kennenzulernen", erkläre ich den Kindern. „Ihr wollt doch bestimmt mehr, als euch nur auf das gesattelte Pferd schwingen!"

„Allerdings!" ruft Shanti. „Mein Pony Pepper ist mein Freund. Wenn wir nicht eine so gute Beziehung hätten, wären wir auf Turnieren bestimmt nicht so erfolgreich. Er tut vieles nur mir zuliebe!"

Lindas Tip

Pferde beobachten

Nimm dir einmal Zeit, ein Pferd auf der Weide oder im Auslauf zu beobachten. Dabei kannst du zum Beispiel auf Folgendes achten und dir sogar Notizen machen:

✳ Bewegt sich das Pferd viel, wenig oder ruht es oft?
✳ Ist es auf der Weide nervös, unruhig oder kann es sich wirklich entspannen?
✳ Wie ist die Kopfhaltung? Trägt es ihn immer hoch oder entspannt es sich?
✳ Tobt oder spielt es gern mit anderen Pferden?
✳ Welche Pferde mag es und welche nicht?
✳ Wie reagiert es auf ungewohnte Geräusche oder ein vorbeifahrendes Auto?

Sicher fällt dir noch viel mehr auf. Nur wenn du ein Pferd gut kennst, kannst du es wirklich verstehen und sein Freund sein!

Neugierig schaut das Islandfohlen hinter seiner Mutter hervor.

„Das beruht sicher auf Gegenseitigkeit", stimme ich zu. „Du nimmst dir ja schließlich auch Zeit für ihn. Und wenn du noch den TTouch und die Bodenarbeit mit ihm machst, wird sich eure Verbindung vertiefen. Das alles gehört für mich unbedingt zum Reiten dazu. Reiten ist nur ein Teil der Beziehung, die wir zu unseren Pferden haben. Ohne gegenseitigen Respekt, Vertrauen und Freundschaft ist wirklich gutes Reiten nicht möglich. Das verstehe ich unter ‚Horsemanship'. Es ist ein himmelweiter Unterschied, ob du ein Pferd zum Gehorsam zwingst, oder ob es deinen Hilfen willig folgt, weil du sein Vertrauen gewonnen hast."

Geoff hat zwei Fotos mitgebracht und hält sie mir fragend hin. „Wie findest du ihn?" möchte er wissen.
„Das ist Coke, ein Pferd von Freunden. Er gilt als schwierig."
Ich betrachte die Bilder genau und halte die Fotos so, daß alle sie sehen können.
„Was meint ihr?" gebe ich Geoffs Frage weiter.
„Er hat kleine Augen!" ruft Allison.
„Die Oberlippe ist länger als die Unterlippe!" bemerkt Claire.
„Und was heißt das?" will Talia wissen.
„Das kleine, halb geschlossene Auge sagt mir, daß Coke ein in sich gekehrtes Pferd ist. Deshalb reagiert er wohl oft langsam. Die hervorstehende Unterlippe deutet auf ein Pferd hin, das eher unsicher ist. Er hat sehr kleine Ganaschen – ein Zeichen für ein Pferd, das nicht so schnell versteht."

Das Pferd hat kleine Ganaschen. Daraus schließe ich, daß es nicht sehr intelligent ist. Seine Besitzer bestätigen uns, daß es die Reiterhilfen nur schwer versteht und nicht gern mitarbeitet.

Das mandelförmige Auge deutet auf ein in sich gekehrtes, eigenwilliges Pferd hin. Das Nasenbein unterhalb des Halfters wölbt sich nach vorn: Ausdruck einer starken Persönlichkeit.

reichenden Sicherheitsabstand halten.
* Achte darauf, daß dein Pferd sich nicht von ranghöheren Pferden in die Enge getrieben fühlt – das ist besonders wichtig am Ausgang oder vor dem Gatter. Sonst kann es in Panik geraten und weglaufen. Notfalls mußt du die anderen Pferde mit dem Zauberstab auf Abstand halten."

Nun gehen wir gemeinsam los. Der Hengst blickt uns wachsam entgegen, aber er ist es gewohnt, daß einige Pferde aus seiner Herde zum Reiten geholt werden. Vor Menschen, die sich ihnen von hinten nähern, laufen Pferde leicht davon. Sie können sich auch erschrecken und ausschlagen! Deshalb ist es besser und sicherer, wenn du von vorn oder von

„Arbeitet er deshalb nicht gut mit?" fragt Geoff.
„Wahrscheinlich", bestätige ich. „Es gibt ja auch Menschen, die schnell lernen, und andere, die etwas mehr Zeit brauchen.
Eine Persönlichkeitsanalyse hilft dir, ein Pferd besser einzuschätzen und so besser mit ihm zu arbeiten. Ein intelligentes, waches Pferd, das schnell lernt, wird sich beim ständigen Wiederholen von Übungen langweilen. Es läßt sich unter Umständen etwas einfallen, um die Reitstunde interessanter zu gestalten: ein kleiner Buckler oder ein paar Galoppsprünge zwischendurch zum Beispiel. Dafür wird es meist noch bestraft - und es war doch gar nicht böse gemeint! Es bräuchte ein abwechslungsreiches Arbeitsprogramm, das seiner schnellen Auffassungsgabe gerecht wird. Andererseits muß man mit einem Pferd, das langsam lernt, besonders viel Geduld haben und darf es nicht überfordern. Sonst wird es widersetzlich und versucht uns auf seine Art verständlich zu machen, daß es nicht so schnell mitkommt. Auch das wird oft mißverstanden und als ‚schlechter Charakter' ausgelegt."

Allison bleibt vor der Gruppe, um nicht ins Gedränge zu geraten. Das nächste Mal nimmt sie lieber einen Zauberstab mit. Gut, daß Christine dabei ist und die anderen Pferde vom Gatter fernhalten kann.

Ich gebe Geoff die Fotos zurück, und die Kinder laufen in die Sattelkammer, um Halfter zu holen. Wir wollen ein paar Pferde von der Weide hereinbringen, sie putzen und den TTouch lernen.
Robyn erklärt ein paar bewährte Sicherheitsregeln:
* „Nicht mit Hafer oder Leckerlis in eine Pferdeherde laufen! Im entstehenden Gedränge um das Futter kannst du leicht gestoßen werden oder versehentlich einen Schlag abbekommen!
* Benutze immer einen Führstrick oder eine Führkette am Halfter, wenn du ein Pferd führst. So kannst du es besser kontrollieren und einen aus-

der Seite auf sie zugehst. Die Pferde hier lassen sich problemlos fangen. Shantis Fuchs senkt gleich den Kopf, um ihr das Aufhalftern möglichst leicht zu machen.
Auch das gehört für meine Begriffe zur guten Ausbildung eines Reitpferdes. Oft kommen Leute zu mir und beklagen sich über Pferde, die sich nur schwer fangen oder gar aufhaltern lassen. Meistens sind schlechte Erfahrungen mit Menschen und mangelndes Vertrauen der Grund für solches Verhalten. Durch den TTouch und die Bodenarbeit lernen Pferde, den Kontakt mit Menschen zu genießen und suchen ihn oft richtig. Bald laufen sie nicht mehr davon,

sondern kommen von selbst. Ich glaube, sie freuen sich auf den TTouch, wenn sie einmal gemerkt haben, wie gut er sich anfühlt. Du kannst dein Pferd auch mit ein paar TTouches belohnen, wenn es sich einfangen läßt. Das ist ein viel persönlicheres Lob als ein Leckerli. Mit der Zeit kennt dein Pferd deine Berührung, und du weißt, welche TTouches es am liebsten mag. Nimm dir einen Augenblick Zeit, dein Pferd so zu begrüßen, ehe du es zum Putzplatz führst!

Hier auf dem Isländergestüt wissen die Pferde, daß sie gut behandelt werden und haben keinen Grund, vor uns davonzulaufen. Am Gatter müssen wir tatsächlich ein paar Pferde zurückhalten, die am liebsten auch noch mitgekommen wären.

Lindas Tip

Ein Pferd anbinden

Hier eine andere Möglichkeit, dein Pferd sicher anzubinden und zu führen:

✻ Schlinge das Anbindeseil doppelt um den Pfosten, bevor du den Sicherheitsknoten machst. So kann der Knoten sich nicht festziehen und ist jederzeit leicht zu lösen.

✻ Hake außerdem das Führseil nicht unten, sondern seitlich am Halfter ein. Dein Pferd kann dann nicht direkt nach hinten zurückreißen. Der Druck hinter seinen Ohren wird abgemildert, weil es den Kopf zur Seite wenden muß.

✻ Auch beim Führen kannst du das Führseil an der Seite einhaken. Besonders Fohlen lassen sich so besser führen und zurückspringende Pferde leichter beruhigen.

Diesen Sicherheitsknoten kannst du jederzeit schnell aufziehen.

Die Kinder binden die Pferde zum Putzen mit dem üblichen Sicherheitsknoten an. Sie achten darauf, genügend Abstand zwischen den Pferden zu lassen. Pferde, die sich nicht mögen, solltest du zum Putzen nicht direkt nebeneinander anbinden. Das ist für Pferd und Mensch unangenehm und gefährlich. Zu leicht erwischen drohend schnappende Zähne versehentlich einen Menschen!

Normalerweise gehen sich Pferde, die sich nicht mögen, auf der Koppel aus dem Weg. Einer ist der Ranghöhere, der andere weicht aus. Wenn beide angebunden sind, ist das nicht möglich. Das ranghöhere Pferd kann dann immer wieder versuchen, das rangniedere Pferd aus seiner Nähe zu vertreiben. Weil dies nicht, wie gewohnt, fliehen kann, beginnt es viel-

Talia putzt Drummerboy am Körper mit Bürste und Striegel.

leicht, sich zu wehren – und du stehst dazwischen!

Blikka, eine junge Stute, binden wir anders als die anderen an. „Sie ist sehr schreckhaft und springt manchmal zurück, wenn sie angebunden ist", erklärt Robyn.

„Ist das denn so schlimm?" fragt Claire.

„Ein Pferd kann sich dabei verletzen", sage ich. „Wenn es nach hinten springt und sich gegen das Halfter stemmt, werden sein Nacken und der ganze Hals sehr belastet. Noch schlimmer ist es, wenn der Strick reißt und das Pferd sich dabei rückwärts überschlägt! Ich habe schon oft Pferde in Behandlung gehabt, die ihr Leben lang an den so entstandenen Verletzungen litten."

Ich denke da besonders an einen großen Warmblutwallach, der als Dressurpferd ausgebildet werden sollte. Er konnte sich aber nicht gut nach links biegen, vor allem nicht im Hals. Außerdem litt er an Gleichgewichtsstörungen. Er war als Jährling angebunden worden und hatte sich beim Zurückspringen einen Nackenwirbel verletzt. Danach ging er seltsam wankend und konnte den Hals nicht mehr richtig bewegen. Er war ein wertvolles Pferd, die Besitzer hatten große Hoffnungen in ihn gesetzt. Aber sogar der Tierarzt konnte ihm nicht helfen. Ich sah das Pferd erst Jahre später und behandelte es mit dem TTouch. Das verschaffte ihm zwar Erleichterung, aber so etwas hätte gar nicht erst passieren dürfen! Wenn man ein unvorbereitetes Fohlen zum ersten Mal anbindet, kann man kaum vermeiden, daß es gegen den ungewohnten Druck im Nacken kämpft. Deshalb bilden wir in der TTEAM-Arbeit Fohlen und Jungpferde so aus, daß sie auf das erste Anbinden gut vorbereitet sind und nicht zurückreißen.

„Blikka soll sich auf keinen Fall verletzen", sagt Robyn. „Also haken wir das Anbindeseil seitlich am Halfter ein und schlingen es zweimal um den Pfosten, ehe wir den Sicherheitsknoten machen. Wenn Blikka so angebunden ist, reißt sie nicht zurück." Nun sind alle Pferde angebunden, und die Kinder holen das Putzzeug aus der Sattelkammer. Bevor wir beginnen, sprechen wir kurz über das Putzen.

Shanti kämmt den Stirnschopf so, daß es Silver angenehm ist. Die Stute schließt genüßlich die Augen.

Drei Gummistriegel mit verschiedenen Noppen und ein Putzhandschuh gehören zur TTEAM-Ausrüstung.

Putzen ist mehr als Saubermachen

Du kannst dich beim Putzen mit dem Pferd vertraut machen und es auf das Reiten vorbereiten. Probier jedes Mal herauszufinden, in welcher Verfassung und Stimmung dein Pferd heute ist. Tut ihm etwas weh, oder ist es entspannt? Ihr glaubt gar nicht, wie oft ich in Ställe komme, in denen Pferde geputzt werden, als hätten sie keine Gefühle. Woran merkst du denn, daß deinem Pferd das Putzen nicht gefällt?" frage ich in die Runde. „Wenn es mit dem Schweif schlägt", antwortet Mandy.
„Bei uns gibt es ein Pferd, das dabei immer in die Luft beißt", sagt Talia.
„Mein Pferd zappelt manchmal herum und zuckt mit der Haut", berichtet Shanti.
„Meins legt die Ohren zurück, wenn ich an die Gurtenlage komme", sagt Geoff.
„Und was macht ihr dann?"
„Schneller Putzen", ruft Allison, „dann dauert es nicht so lange!"
„Du könntest doch so putzen, daß es deinem Pferd gefällt", schlage ich vor. „Wenn dein Pferd zum Beispiel den harten Eisenstriegel nicht mag, kannst du eine weiche Bürste nehmen. Finde heraus, ob dein Pferd lieber fester oder nicht so fest geputzt werden mag. Hast du schon einmal daran gedacht, daß es kitzelig sein könnte?"
Manche der Kinder sehen mich betroffen an.

„Ich weiß, daß ihr versucht, es richtig zu machen, und euch dabei große Mühe gebt. Jetzt habt ihr die Gelegenheit herauszufinden was eure Pferde mögen. Viele Pferde, die auch sonst sehr empfindlich sind, werden gern mit weichen Gummistriegeln gebürstet. Davon gibt es verschiedene Arten, manche mit dicken Noppen, andere mit feineren Noppen (siehe Foto links). Probiert sie aus, und achtet auf die Reaktion eures Pferdes. Auch der Putzhandschuh hat sich sehr bewährt, um empfindliche Körperteile zu putzen. Streicht in jedem Fall vor dem Putzen mit den Händen einmal über den Körper eures Pferdes. So könnt ihr Verletzungen oder Schwellungen gleich bemerken, ehe ihr mit einem Striegel darüberfahrt. Bei Schweif und Mähne ist eine Bürste gut, die keine Haare ausreißt. Am besten geht es, wenn ihr einzelne Strähnen bürstet."

Lindas Tip

Flecken im nassen Fell

Ich habe bei meinem Putzzeug immer einen Eimer mit trockenem Sägemehl (gibt es zum Beispiel im Zoogeschäft) stehen. Es darf nicht mit Holzschutzmittel behandelt sein. Wenn ein Pferd naß und sehr dreckig ist, reibe ich das Sägemehl in die Flecken ein. Es saugt die Feuchtigkeit und den Schmutz auf und läßt sich dann leicht herausbürsten.

Es ist wichtig, Pferde so zu putzen, daß es ihnen angenehm ist: Wenn ein Pferd sich beim Putzen verspannt, hält es den Atem an und verkrampft den Rücken – auch anschließend unter dem Sattel. So entsteht Streß für Pferd und Reiterin. Ein entspanntes Pferd ist nicht nur ruhiger und angenehmer zu reiten, es kann auch mehr leisten. Stellt euch einmal vor, ein Leichtathlet würde seinen Wettbewerb völlig verkrampft beginnen! Es wird alles getan, um ihn in der bestmöglichen Kondition antreten zu lassen. Ist es nicht logisch, daß auch ein

Angie meint

Weißt du eigentlich, daß viele Pferde kitzelig sind? Wenn sie manchmal beim Putzen nicht stillstehen, mit dem Schweif schlagen oder unruhig werden, hast du vielleicht eine kitzelige Stelle erwischt. Werde also nicht ungeduldig! Nimm dir Zeit herauszufinden, wo dein Pferd kitzelig oder empfindlich ist, und wo es lieber eine festere oder eine weichere Bürste mag. Stell dir einmal vor, jemand schrubbt dir mit einem Metallstriegel über die Wirbelsäule! Na? Das tut weh! Bitte benutze Metallstriegel nur bei starkem Schmutz im dicken Fell und niemals im Gesicht, an den Beinen und über Knochen von Pferden! Wenn du auf das Verhalten deines Pferdes achtest, wirst du bald merken, was es gern hat.

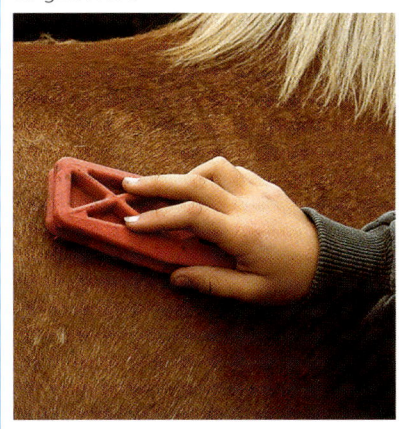

Pferd, das entspannt an den Start geht, viel mehr leisten kann? Putzen dient also nicht nur der Sauberkeit, sondern hat auch Einfluß darauf, wie dein Pferd sich fühlt, wenn du in den Sattel steigst, oder in welcher Verfassung es bei einem Turnier startet.

Hufe geben

❋ Vielleicht kennst du das: Ein Pferd will seinen Huf nicht gleich geben, und du lehnst dich gegen seine Schulter und drückst, damit es das Gewicht auf die andere Seite verlagert. Nur bringst du dein Pferd so aus dem Gleichgewicht. Mit der TTEAM-Arbeit wollen wir die Pferde aber ins Gleichgewicht bringen! Probier mal diesen Tip aus, wenn dein Pferd den Huf geben soll: Nimm die große Sehne oberhalb des Fesselgelenks zwischen Daumen und Zeigefinger, drücke etwas und zieh leicht dabei nach oben. Dann wird dein Pferd den Huf meist geben. Falls es nicht gleich klappt, kannst du auch vorsichtig deine Fingernägel benutzen. Wichtig ist, daß du in kurzen Abständen drückst, nach oben ziehst und wieder losläßt.

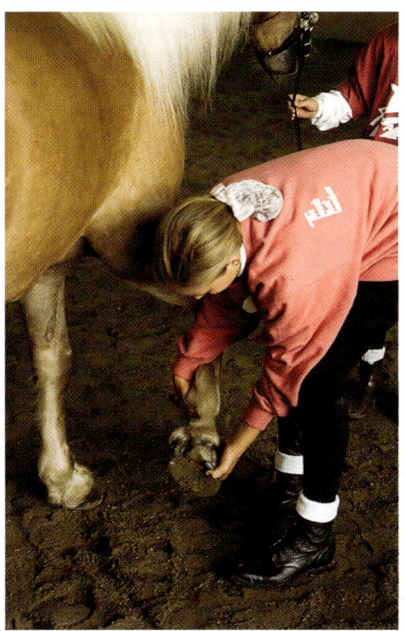

❋ Manche Pferde haben die unangenehme Eigenart, beim Hufegeben ihr Bein plötzlich nach vorn zu reißen. Wenn du den Huf so aufhebst, daß das Fesselgelenk gerade und nicht abgebeugt ist, reißt dein Pferd sein Bein weniger leicht nach vorn. Aus dieser Position heraus kannst du mit dem Huf auch langsame Kreise in beide Richtungen machen und so das Pferdebein entspannen. Dann führst du den Huf ruhig zum Boden zurück.

Regelmäßige Pflege hält die Hufe gesund. Kratze die Hufe von dir weg, und nicht zum Pferdebein hin, aus.

Shanti bürstet den Schweif in einzelnen Strähnen und achtet darauf, keine Haare auszureißen.

Die Körperarbeit

Die Pferde sind geputzt, Claire bürstet noch einmal über die Mähne, dann ist sie zufrieden. „Linda, wie geht das nun mit dem TTouch?" Eine ähnliche Frage hat mir vor Jahren eine Kursteilnehmerin gestellt. Sie hieß Wendy und nahm an einem meiner Seminare teil. Ihr gehörte eine neunjährige, nervöse Vollblutstute, die sich nicht gern berühren ließ. Sie schlug mit dem Kopf, trat unruhig hin und her und legte die Ohren an. Als ich mit ihr arbeitete, beruhigte sie sich, aber als Wendy es versuchte, zeigte die Stute deutlich, daß ihr das nicht gefiel. „Was machst du eigentlich mit deinen Händen genau? Bei dir sieht es immer so leicht aus, aber ich weiß gar nicht, was ich mit meinen Fingern machen soll!" Ohne nachzudenken hörte ich mich auf einmal sagen: „Ganz einfach, du legst die Hand auf das Pferd und schiebst mit den Fingerkuppen die Haut in einem kleinen Kreis herum." Und es funktionierte! Nach ein paar Minuten begann ihr Pferd, sich zu entspannen und ihre Berührung zu genießen. Es blieb stehen und legte die Ohren nicht mehr zurück. Geoff sieht mich erstaunt an. „Vorher hast du noch keine Kreise gemacht?" will er wissen.

„Nein! Ich weiß auch nicht, wie ich auf einmal darauf gekommen bin. Vielleicht hat Angie es mir ins Ohr geflüstert! Ich arbeite intuitiv, einfach aus dem Gefühl heraus, benutze aber auch meinen Verstand." Wenn du die TTEAM-Methode lernst, entwickelst du also zugleich dein Gefühl und deinen Verstand. Nach dem Erlebnis mit Wendy in diesem Seminar begann ich mich sehr mit den Kreisen zu beschäftigen. Es hat viele Jahre gedauert, den TTouch bis zu seiner heutigen Form zu entwickeln.
Ich erinnere mich noch genau an das erste Pferd, an dem ich ausprobierte, was ich in der Feldenkrais-Ausbildung (siehe S. 11) gelernt hatte. Es war eine sechzehnjährige Araberstute, die einem befreundeten Nachbarn gehörte. Sie war ihr Leben lang Zuchtstute gewesen, nie geritten worden und mochte Menschen nicht besonders. Das zeigte sich vor allem, wenn Ted sie einfangen wollte. Sie lief ihm jedesmal davon, und es dauerte abends immer lange, bis er sie endlich im Stall hatte. Ich wollte, daß sie ihr Verhalten änderte, und versuchte deshalb mit ihrem Körper Bewegungen zu machen, die ihr ungewohnt waren. Aber ob das klappen würde? Ich hatte es ja noch nie ausprobiert. Wenn diese Arbeit bei Menschen so gut wirkt, warum dann nicht auch bei einem Pferd, dachte ich mir. Ich erinnerte mich an das, was mein Großvater Will immer von den selbstgebrauten Heilmitteln für seine Rennpferde zu sagen pflegte: Solange es nicht schadet... Und waren die Pferde, die er trainierte, nicht auch deshalb so erfolgreich gewesen, weil die Pfleger sie jeden Tag nach seinen Anweisungen eine halbe Stunde lang mit den Händen abrieben?
Es war mir den Versuch Wert, ja, ich brannte richtig darauf, meine Theorie mit einem Pferd in die Praxis umzu-

---

Auf einen Blick

Der TTouch

Was ist das?
Verschiedene, meist kreisförmige Bewegungen, denen ich Namen aus dem Tierreich gegeben habe.

Wozu:
Die TTouches haben vielerlei Wirkung. Das Pferd lernt seinen Fluchtinstinkt zu überwinden und wird intelligenter. Mit den TTouches kannst du ihm Gutes tun, es entspannen und es zu deinem Freund machen.

Wirkung:
Durch die TTouches lernt das Pferd seinen eigenen Körper besser kennen. Du kannst dir vorstellen, daß du die einzelnen Zellen durch deine Berührung aufweckst oder kleine Lichter angehen, und das Pferd diesen Körperbereich auf einmal hell und warm empfindet. Es wird sich bewußter spüren und deshalb seinen Körper besser und effektiver einsetzen können. So wird es gelassener, arbeitet williger mit dir zusammen und fühlt sich buchstäblich wohler in seiner Haut.

Vorsicht !
Es ist sehr wichtig, daß du deine Fingergelenke beweglich hältst. Mit steifen Fingern oder angehaltenem Atem wird der TTouch unangenehm für dich und dein Pferd.

setzen. Also tat ich alles, was mir gerade einfiel: Ich arbeitete an den Ohren, bewegte die Beine und den Schweif der Stute und arbeitete in ihrem Maul. Sie mochte meine Behandlung und wurde immer ruhiger und entspannter. Das war ein erster Schritt, und ich erwartete wirklich nicht mehr.

Aber Ted rief mich ein paar Tage später an und erzählte mir, daß die Stute wie verwandelt sei. Er mußte sie gar nicht mehr fangen, weil sie nun schon abends am Tor stand und auf ihn wartete. Im Stall stürzte sie sich nicht, wie gewohnt, auf ihr Futter, sondern blieb bei ihm stehen, damit er die Ohrenarbeit mit ihr machte. Durch eine einzige Behandlung hatte sich ihr ganzes Verhältnis zu Menschen grundlegend verändert!

„Und wie macht man den TTouch?" Claire möchte es ausprobieren. „Es ist wirklich einfach. Für alle kreisenden TTouches stellst du dir das runde Zifferblatt einer Uhr mit etwa 2 cm Durchmesser irgendwo auf dem Pferdekörper vor. Du legst den Mittelfinger auf die Sechs der vorgestellten Uhr. Deine Hand sollte leicht gebogen sein, damit deine Fingergelenke beweglich bleiben. Nun schiebst du die Haut mit allen fünf Fingern und mit gleichmäßigem Druck im Uhrzeigersinn herum. Deine Finger sollten nicht über das Fell gleiten, sondern die Haut sanft festhalten und im Kreis schieben. So bewegst du sie einmal um die Uhr herum, bis du wieder bei Sechs bist, und gehst an der Sechs vorbei bis zur

Acht-Uhr-Position. Hier hältst du kurz an und nimmst dann die Hand langsam weg.
Es ist wichtig, immer nur einen dieser Kreise an einer Stelle zu machen. Wenn du mehrere Kreise an der gleichen Stelle machst, hat das nicht dieselbe Wirkung! Mach deshalb jeden Kreis an einer neuen Stelle. Dabei kannst du dich ganz von deinem Gefühl leiten lassen. Mit etwas Übung werden deine Hände von selbst wissen, wo der nächste Kreis hinkommt.

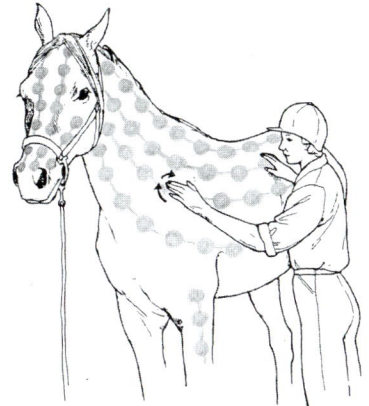

Du kannst sie auch in gedachten Reihen machen, die parallel zur Oberlinie des Pferdes verlaufen. Dann verbindest du die Kreise untereinander mit einer gleitenden Bewegung." Claire hat gleich am Hals ihres Pfer-

des mitgemacht: „Kann man die Kreise auch andersherum machen?". „Normalerweise machen wir die Kreise im Uhrzeigersinn. So wecken wir das Körpergefühl des Pferdes auf. Bei widersetzlichen Pferden oder Pferden, die Schmerzen haben und sehr verspannt sind, kannst du die Kreise auch gegen den Uhrzeigersinn machen. So können sich Spannungen und Schmerzen abbauen."
Talia hat aufmerksam zugehört. „Meinst du, wir können das?" In ihrer Stimme schwingt Zweifel, und sie sieht skeptisch auf ihre Hände. „Sicher hast du eine besondere Begabung ...", fährt sie fort.
Ich halte meine Hände neben ihre: „Du kannst den TTouch mit deinen Händen genauso gut machen wie ich! Immer wieder kommen Leute zu mir und meinen, ich müßte besondere Heilkräfte haben oder gar ein Geheimnis. Wenn es ein Geheimnis gibt, dann liegt es in den Kreisen und meiner Fähigkeit, auf meine innere Stimme zu hören. Das kannst du auch – jeder kann den TTouch lernen. Trau es dir zu! Deine Hände sind genauso begabt wie meine, und du kannst Pferden viel Gutes tun. Natürlich brauchst du Übung! Aber die wirst du gleich bekommen!"

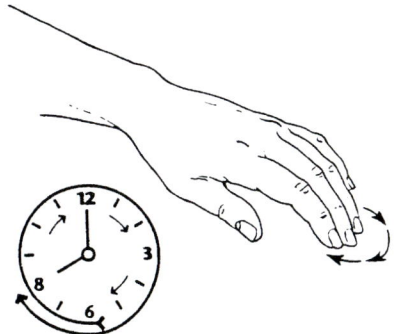

Der TTouch ist kein Geheimnis: Jeder kann ihn lernen! Ich zeige Shanti, wie sie mit beweglichen Fingern im Pferdegesicht arbeitet.

„Am besten, wir fangen mit dem **Wolken-Leoparden** an: Du kannst diesen TTouch am ganzen Körper deines Pferdes anwenden. Deine Hand liegt, wie eben erklärt, mit leicht gebogenen Fingern am Pferd. Die Finger schieben die Haut in einem Eineinviertelkreis herum, dein Mittelfinger führt die Bewegung. Spüre wie deine Finger zusammenarbeiten, auch der Daumen als Stütze gehört dazu. Während du die Kreise machst, atmest du gleichmäßig. Manchmal vergißt man vor lauter Konzentration zu atmen. Das Atmen hält deine Hände und Finger, den Arm und die Schultern beweglich." Schon sind alle mit Feuereifer dabei, den Wolken-Leoparden zu üben. Nach einer Weile kann ich ihnen schon den nächsten TTouch zeigen, den **Liegenden Leoparden**:

„Bei diesem TTouch machst du deine Hand flacher, die Finger strecken sich mehr, haben aber immer noch eine leichte Krümmung in den Fingergelenken. Ich stelle mir vor, daß die Hand der Körper des Leoparden ist. Meine Finger sind seine Vorderbeine, die er ausstreckt, um sich hinzulegen. So berührt auch meine Handfläche das Pferd und gibt mehr Wärme. Der Wolken-Leopard macht Pferde wacher, der Liegende Leopard beruhigt sie mehr. Aber welchen TTouch du auch machst, denke daran, ruhig und rhythmisch zu atmen, während du die Kreise machst. Bei einem nervösen Pferd kannst du die Kreise etwas schneller machen. Wenn es ruhiger wird, werden auch deine Kreise langsamer."

Die Pferde genießen den TTouch ganz offensichtlich. Manche sind so entspannt, daß sie ein Hinterbein schonen, andere schnauben zufrieden. Der Blick der Pferde ist weich, sie atmen ruhig. Sogar Blikka hat die Augen halb geschlossen und steht

„Beim Liegenden Leoparden streckst du deine Finger etwas mehr und bekommst einen wärmeren Kontakt."

mit vertrauensvoll gesenktem Kopf ruhig da. Die Kinder arbeiten in Paaren: Eines hält das Pferd, während das andere den TTouch übt. Es ist an-

---

Auf einen Blick

Der Wolken-Leopard

Was ist das? Es ist die Grundform des TTouches. Vor Jahren arbeitete ich einmal im Zoo von Los Angeles mit einer jungen Nebelpardin (so heißt die deutsche Bezeichnung für das englische Wort „Clouded Leopard". Aus der wörtlichen Übersetzung und weil die Verbindung zur „Wolke" bleiben sollte, kam es zum Wolken-Leopard als Name für diesen TTouch). Sie war ihrer Mutter zu früh weggenommen worden und hatte ihr Saugbedürfnis nie gestillt. Nun war sie nervös und neurotisch, leckte die Stäbe ihres Käfigs und war sehr unruhig. Ihre Vorfahren lebten in hohen wolkenverhangenen Bergen. Auch die Zeichnung ihres Fells erinnerte mich an eine Wolke. Dieser TTouch kann so kraftvoll wie ein Leopard und so zart wie eine Wolke sein. Ich arbeitete nur einmal mit dieser Nebelpardin, aber ich denke oft an sie.

Wozu: Erhöht das Selbstbewußtsein des Pferdes; bei Rückenproblemen und Verspannungen; vermindert Streß und hilft bei Muskelschmerzen und Überempfindlichkeit.

Wirkung: Das Pferd wird wacher, verbessert sein Körpergefühl, entspannt sich und arbeitet freudiger mit.

Vorsicht ! Achte immer auf die Reaktion deines Pferdes! Wenn es sich nicht wohlzufühlen scheint, mach den TTouch entweder an einer anderen Stelle, drücke mehr oder weniger oder geh zu einem anderen TTouch über. Achte auch darauf, nicht nur mit den Fingern über das Fell zu gleiten, sondern tatsächlich die Haut in einem Kreis zu bewegen.

Der Liegende Leopard

Was ist das?

Eine Abwandlung des Wolken-Leoparden, wenn das Pferd zu empfindlich auf ihn reagiert. Dieser TTouch ist nach einem jungen Schneeleoparden im Züricher Zoo benannt. Er litt an einer rätselhaften Krankheit und war dem Tode nahe, als ich gerufen wurde, um mit ihm zu arbeiten. Ich nahm das Leopardenkind auf meinen Schoß und arbeitete mit kleinen Kreisen und der Wärme meiner Hände über jeden Zentimeter seines Körpers. Er wurde wieder gesund.

Wozu:

Bei Verspannungen, Nervosität, Ängstlichkeit, Streß und Sattelzwang. Gegen Schmerzen nach einer Verletzung.

Wirkung:

Die Hand liegt beim Liegenden Leopard flacher auf, dadurch entsteht ein wärmerer Kontakt. So entspannt sich das Pferd leichter.

Vorsicht

Wenn deine Hand flach aufliegt, müssen deine Finger und Handgelenke trotzdem locker und beweglich bleiben. So schützt du deine Gelenke vor Überbelastung.

---

genehm für das Pferd, wenn es von einem Menschen gehalten wird. Derjenige, der es hält, kann auch zusätzlich den TTouch machen, zum Beispiel am Kopf. Dafür eignet sich zum Beispiel der **Waschbär-TTouch**. Er geht so:

„Um die winzigen Kreise zu machen, stellst du mit den Fingerkuppen einen sehr leichten Kontakt her. Die Fingernägel berühren das Pferd nicht. Vergiß das Atmen nicht, während du die kleinen Kreise langsam ausführst! Du kannst mit ihnen sogar um Schwellungen und Prellungen herum arbeiten oder sie direkt mit diesem leichten TTouch behandeln."

„Spürt ein Pferd einen so zarten und kleinen Waschbär-TTouch über-

Waschbär-Kreise um die Augen entspannen und beruhigen das Pferd. Die kleine Schimmelstute vertraut Shanti.

---

haupt?" fragt Geoff. „Ich kann mir gar nicht vorstellen, daß der eine Wirkung hat!"

„Und was für eine! Wenn du um die Augen herum arbeitest, beruhigt das Pferd sich sehr. Durch die Arbeit im Gesicht bekommen sie mehr Vertrauen."

„Erinnerst du dich noch an die Geschichte mit dem alten Rancher in Farmington?" ruft Robyn.

Wichtig beim TTouch

Hier schreibe ich für dich ein paar grundlegende Dinge auf, die wichtig sind, wenn du den TTouch anwendest:

✶ Dein Pferd sollte ein gutsitzendes Halfter mit einem Führstrick oder einer korrekt verschnallten Führkette tragen (siehe Seite 42). Wenn du keinen Helfer hast, kannst du dein Pferd mit einem Anbindestrick anbinden. Binde dein Pferd aber nie mit der Führkette an.

✶ Deine Atmung spielt eine große Rolle – atme ruhig und regelmäßig. Wenn du die Luft anhältst, verlieren deine Finger ihre Beweglichkeit, und auch dein Pferd verspannt sich.

✶ Deine Hand- und Fingergelenke sollen beim TTouch locker und beweglich sein.

✶ Wenn du Kreise machst, laß sie wirklich rund sein und führe sie als weiche, fließende Bewegung aus.

✶ Wenn du beim TTouch mit leicht gespreizten Beinen und lockeren Kniegelenken stehst, strengst du deinen Rücken weniger an und bist beweglicher. So kannst du auch leichter ausweichen, falls dein Pferd sich erschreckt und doch einmal zur Seite springt.

✶ Vor allem am Anfang ist ein ruhiger, ungestörter Ort, der dem Pferd vertraut ist, wichtig. Dein Pferd kann sich dann besser auf den TTouch konzentrieren und ihn entspannter genießen. Auch du selbst wirst in einer ruhigen Umgebung weniger abgelenkt.

Und ob! Ich gab einen Wochenendkurs, zu dem einige Rancher und Pferdezüchter aus der Gegend gekommen waren. Manche hatten auch eigene Pferde dabei, mit denen ich arbeitete. Nach dem Kurs kam einer der Rancher zu mir:

„Ich weiß ja immer noch nicht so recht, was ich von Ihrer Methode halten soll", sagte er. „Aber ich habe ein Pferd zu Hause, an dem ich den TTouch ausprobieren werde."

„Warum haben Sie Ihr Pferd denn nicht mitgebracht?" fragte ich. „Sicher wäre die Arbeit mit ihm sehr interessant gewesen. Was ist es denn für ein Pferd?"

„Ach, wissen Sie", grinste er, „so eine Art Quarterhorse-Kreuzung, ein Wallach, und ich dachte mir, den alten Querkopf läßt du lieber daheim. Ich wollte Sie ja nicht in Verlegenheit bringen. Er ist kein Pferd für eine Lady. Ich dachte, mit dem werden Sie doch nicht fertig, und das wollte ich ihnen ersparen. Er ist wirklich störrisch und will mit Menschen nichts zu tun haben. Läßt sich mit seinen 16 Jahren nur mit dem Lasso fangen und schon gar nicht das Halfter anziehen. Wenn man ihn erst mal unter dem Sattel hat, ist er gar nicht so übel, aber ansonsten ..."

Ich lachte, wünschte dem Rancher viel Glück und war erstaunt, als er mich am nächsten Tag anrief.

„Sie werden es kaum glauben", sagte er. „Als ich nach Hause kam, holte ich mein Lasso und fing mir den alten Querkopf ein. Ich glaubte ja selber nicht so recht, daß diese komischen Kreise wirklich funktionieren, aber ich dachte, du probierst es eben mal. Zehn Minuten, länger hab ich sicher nicht gearbeitet, nur diese Kreise im Gesicht gemacht und wollte ihn dann wieder auf die Weide schicken. Aber er ging einfach nicht! Er ist mir fast schon ein bißchen lästig, ich werde ihn gar nicht mehr los! Und alles wegen ein paar Kreisen im Gesicht, das ist doch kaum zu glauben!"

„Kann ich solche Kreise auch an den Beinen machen?" fragt Allison mich. „Aber sicher! Für die Beine eignet sich aber auch der **Python-TTouch**."

„Den hast du doch nach der burmesischen Pythonschlange Joyce benannt", fügt Mandy hinzu, die als meine Nichte die Geschichte natürlich kennt.

„Das stimmt. Ich denke bei diesem TTouch oft an Joyce und schicke ihr gute Wünsche."

Ich zeige den Python-TTouch an Mandy:

Du umfaßt mit beiden Händen das Bein unterhalb des Kniegelenkes. Nun schiebst du die Haut langsam nach oben. Der Druck sollte dabei gerade groß genug sein, um ein Abrut-

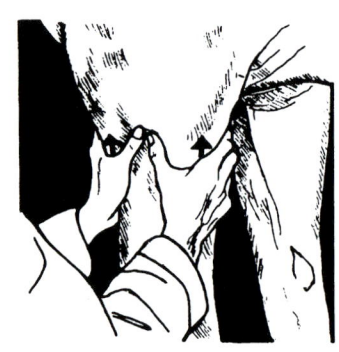

So beginnt der Python-TTouch am Bein.

schen deiner Hände zu verhindern. Dann hältst du die Haut einige Sekunden und gehst langsam wieder zur Ausgangsposition zurück. Dort erst läßt du langsam los. Dann rutschen deine Hände etwa 5 cm nach unten, um den nächsten Python-

---

Auf einen Blick

Der Waschbär

Was ist das?

Ein ganz leichter TTouch, für den du viel Fingerspitzengefühl brauchst. Du kannst ihn besonders gut im Gesicht deines Pferdes und an empfindlichen oder schmerzenden Stellen anwenden. Ich habe schon oft mit Waschbären gearbeitet. Sie haben so geschickte kleine Pfoten, mit denen sie zum Beispiel kleine Krebse aus dem Wasser fischen. Deshalb habe ich diesen TTouch nach ihnen benannt.

Wozu:

Bei ängstlichen Pferden, damit sie ihre Scheu vor Berührung verlieren; zur Behandlung von Prellungen und Schwellungen.

Wirkung:

Schwellungen gehen zurück, und die Durchblutung wird gefördert.

Vorsicht !

Auch wenn du nur mit wenig Druck arbeitest, kann es einem Pferd unangenehm sein, direkt an schmerzenden Stellen berührt zu werden. Achte immer auf die Reaktion deines Pferdes und wechsele gegebenenfalls zu einem anderen TTouch oder einer anderen Körperstelle über.

TTouch zu machen. Das Ganze ist eine rhythmische Bewegung, und du kannst so das ganze Bein hinunterarbeiten.

Lindas Tip

TTouch hilft auch Menschen

Probier einmal den TTouch an dir selbst oder an jemand anderem aus! Dann spürt ihr am eigenen Leib, wie es sich anfühlt. Der TTouch wirkt nicht nur bei Pferden, sondern kann auch Menschen helfen. Ich habe damit schon viele gute Erfahrungen gemacht. Zum Beispiel hilft bei Kopfweh, an den Haaren entlang mit den Fingern – wie bei der Mähnenarbeit – sanft nach oben zu gleiten. Wenn du, zum Beispiel vor einer Prüfung, ängstlich oder aufgeregt bist, kannst du zur Beruhigung die Ohrenarbeit an dir selbst anwenden.

„Die Pferde in unserer Reitschule geben gleich die Hufe, wenn man die Beine anfaßt", erzählt Talia.
Viele Pferde haben diese Angewohnheit. Sie wollen es uns rechtmachen, aber oft ist es wichtig, daß ein Pferd absolut stillsteht, wenn man die

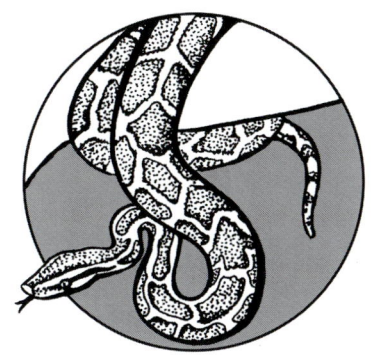

Auf einen Blick

Der Python-TTouch

Was ist das? Ein TTouch, den ich bei der burmesischen Pythonschlange Joyce angewandt und dann nach ihr benannt habe. Joyce lebt in einem Zoo und litt unter Atemnot. Du kannst den Python-TTouch bei Pferden sehr gut an den Beinen, am Hals und am Rücken anwenden.

Wozu: Bei Muskelverspannungen und Krämpfen; bei Pferden, die stolpern, scheuen und beim Fahren im Anhänger nicht gut die Balance halten können.

Wirkung: Der Python-TTouch entspannt und beruhigt die Pferde. Er fördert die Durchblutung und gibt ihnen ein besseres Gefühl für ihre Beine und ihr Gleichgewicht.

Vorsicht ! Wenn du die Haut zu schnell oder zu hoch anhebst, zu fest drückst oder zu plötzlich wieder losläßt, verspannt sich dein Pferd oder bleibt nicht ruhig stehen.

Beine berührt. Stell dir vor, es hat eine Verletzung, die behandelt werden muß. Bei jeder Art von Verband oder, wenn man einen Umschlag macht, ist es wichtig, daß dein Pferd stillhält und nicht herumzappelt. Es ist auch gut, daß es lernt, erst dann etwas zu tun, wenn du es dazu aufgefordert hast. Das fängt beim Hufegeben an und endet mit dem Wechsel der Gangarten. Wir arbeiten mit unseren Pferden zusammen, aber die Signale gibt der Mensch. Schon beim

Hufegeben kannst du klären, wer sich nach wem richtet.
Wenn dein Pferd Schwierigkeiten mit dem Stillstehen hat, kannst du zuerst mit dem Zauberstab die Beine abstreichen und dann mit den Händen in einer Reihe von Kreisen die Beine hinunterfahren. Dann machst du einen oder zwei Python-TTouches. Vergiß nicht, dein Pferd für sein Stillhalten zu loben. Oft weiß es nur nicht, was du von ihm verlangst und muß es erst begreifen.

Das Lecken der Kuhzunge

Was ist das?

Ein langer, streichender TTouch über das Fell. Das Muhen einer Kuh auf einem Spaziergang hat mich auf den Gedanken gebracht, ihn nach ihr zu nennen. Es war, als ob sie mir sagen wollte, daß sie gern unter meinen Tieren vertreten wäre. Und natürlich denke ich bei diesem TTouch manchmal an mein Stierkalb „Dale".

Hilfsmittel:

Wenn dein Pferd nach einem anstrengenden Ritt oder Turniertag heiß und verschwitzt ist, kannst du diesen TTouch auch mit einem feuchten Strumpf oder auf dem nassen Fell machen. Das kühlt und entspannt.

Wozu:

Macht die Pferde im Rücken elastischer, hilft bei Senkrücken; bei überanstrengten Muskeln; nach großer körperlicher Anstrengung.

Wirkung:

Hilft deinem Pferd, die Verbindung vom Bauch zum Rücken zu spüren. Ein besseres Körpergefühl gibt ihm mehr Selbstvertrauen, fördert die Koordination, das Gleichgewicht und die Gänge; die Muskeln werden besser durchblutet, das Pferd erholt sich schneller und nachhaltiger von großen Anstrengungen.

Vorsicht !

Falls dein Pferd sehr sensibel ist, kann es auf diesen TTouch mit Hautzucken reagieren. Dann kannst du einen anderen TTouch anwenden. Oft schlagen Pferde nach deiner Hand am Bauch wie nach einer Fliege, wenn sie diesen TTouch noch nicht kennen. Nimm deine Hand einfach nach vorn und versuch es langsamer.

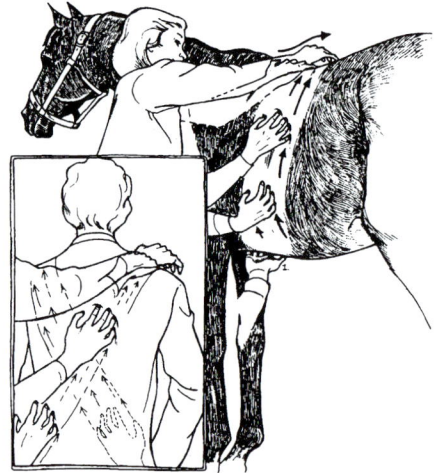

Robyns Pferde kennen den Python-TTouch und stehen ruhig. So können die Kinder ihn lernen und üben. Nachdem ihn alle ausprobiert haben, rufe ich die Gruppe wieder zusammen. „Nun zeige ich euch noch einen weiteren TTouch. Er paßt gut zu den anderen und heißt **Das Lecken der Kuhzunge**:

Du legst die flache Hand in die Mitte unter den Bauch des Pferdes. Die Finger hältst du leicht gespreizt. Nun fährst du mit der Hand über den Bauch nach oben und drückst leicht in die Bewegungsrichtung. Auf halber Höhe des Bauches drehst du die Hand so, daß deine leicht gebogenen Finger nun in die Richtung der Bewegung zeigen. Die lange Bewegung geht bis zur Rückenlinie. Diesen TTouch kannst du auch an der Schulter und an der Kruppe deines Pferdes anwenden. Achte darauf, nicht nur deine Finger, sondern auch den Handballen zu benutzen. Während du diesen TTouch mit der einen Hand vom Bauch aus machst, bleibt die andere am Bauch liegen. Wenn du ihn mit der einen Hand an Schulter und Hals machst, liegt die andere an der Brust des Pferdes. An der Kruppe arbeitest du abwechselnd mit beiden Händen. Es macht viel Spaß zu lernen, diese schwungvollen Bewegungen aus den Füßen und dem Becken zu machen. So wird dein Arm nicht müde, und du stehst besser im Gleichgewicht."

Nachdem die Kinder auch diesen TTouch geübt haben, kommt Shanti zu mir: „Die Isländer sind ja nicht so groß, da reiche ich gerade noch oben zum Rücken hoch. Aber wie soll ich ‚Das Lecken der Kuhzunge' denn bei großen Pferden machen? Dazu bin ich doch viel zu klein!"
Bei großen Pferden können sich kleinere Menschen mit einem Strohballen behelfen. „Ich reiche auch manchmal nicht so gut hinauf und klettere dann auf einen Strohballen oder eine stabile Kiste", erzähle ich Shanti. „In

jedem Fall mußt du dir etwas aussuchen, auf dem du sicher stehst. Wenn es eine Kiste ist, mußt du sie mit der offenen Seite nach unten stellen, sonst könnte das Pferd versehentlich hineintreten."

„Mittagspause", hören wir es vom Haus rufen. Aber bevor wir unseren Hunger stillen, lassen wir erst die Pferde wieder auf die Weide, wo sie sich frei bewegen und fressen können.

„Die **Arbeit an den Ohren** ist sehr wirksam", erzähle ich den Kindern, als sie die Pferde zurück zum Haus geholt haben. Als ich vor vielen Jahren auf der Equitana die Ohrenarbeit zeigte, kam ein alter englischer Kutscher zu mir: „Früher war es in England Tradition, den Kutschpferden in den Fahrpausen die Ohren zu reiben", erzählte er. „So erholten die Pferde sich schneller von großen Anstrengungen."

Vor fast dreißig Jahren konnte ich meiner Lieblingsstute Bint Gulida mit Hilfe der Ohrenarbeit das Leben retten. Sie hatte eine so schwere Kolik, daß der Tierarzt keine Hoffnung mehr hatte und sie einschläfern wollte. Ich wollte aber nicht aufgeben. Gulidas Ohren waren naß und eiskalt, ich rieb sie und arbeitete mit ihnen, bis sie warm und trocken waren. Du kannst dir vorstellen, wie glücklich ich war, als Gulida sich so wider Erwarten doch noch erholte und gesund wurde. Natürlich muß bei einer Kolik immer sofort der Tierarzt geholt werden. Bis er kommt, kannst du die Ohren deines Pferdes behandeln.
Am besten stehst du dazu vor deinem Pferd, damit du die Ohren leicht erreichen kannst. Vor dem Pferd zu stehen, hat aber auch noch einen anderen Sinn: Das Pferd soll lernen, dir den Kopf zu geben, wenn du das von

ihm durch ein Zupfen an der Kette verlangst. Dieses Kopfsenken ist ein Ausdruck des Vertrauens. Dein Pferd sagt dir damit in seiner Körpersprache: „Ich vertraue dir, und ich tu gern, was du von mir möchtest."
Bei der Ohrenarbeit hältst du mit der einen Hand das Halfter, während du mit der anderen Hand das Ohr auf der anderen Seite vom Ansatz bis zur Spitze hin ausstreichst. Bei Schock oder Kolik kannst du nach dem Ausstreichen noch am Schockpunkt in der Ohrenspitze einen kleinen Kreis mit Daumen und Zeigefinger machen. Durch kleine, zusammenhängende Waschbärenkreise vom Ohrenansatz zur Spitze hin kannst du außerdem den allgemeinen Gesundheitszustand deines Pferdes verbessern und ihm bei Rückenschmerzen, Arthritis – das ist eine Entzündung der Gelenke – oder Steifheiten helfen.

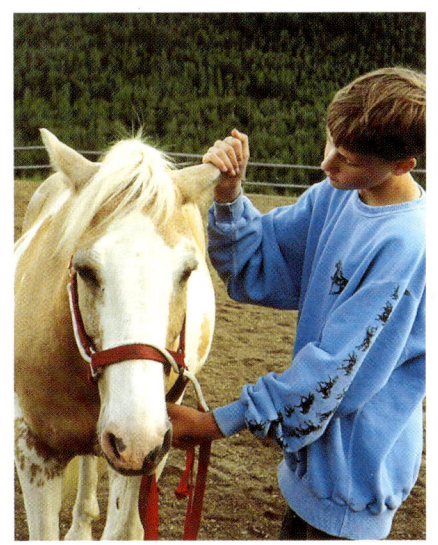

Geoff streicht ein Ohr aus und steht ausnahmsweise auf der Seite. Meist steht man bei der Ohrenarbeit allerdings vor dem Pferd.

Ich kann das nur bestätigen. In vielen Fällen hat sich die Arbeit an den Ohren schon bewährt, um nervöse Pferde zu beruhigen. Aber auch bei Pferden, die eine Kolik haben, unter Schock stehen oder sich überanstrengt haben, hilft die Ohrenarbeit.

Auf einen Blick

Ohrenarbeit

Was ist das?   Ein TTouch an den Ohren des Pferdes.

Wozu: Die Ohrenarbeit hilft überanstrengten Pferden, sich zu erholen. Du kannst sie auch bei Kolik, Schock, Streß, zur Entspannung und Beruhigung anwenden.

Wirkung: Am Ohrenansatz und in der Ohrenspitze liegen wichtige Akupressurpunkte. Wenn du sie anregst, wirkt sich das wohltuend auf den gesamten Körper des Pferdes, die Verdauung und die Atmung aus.

Vorsicht   Du solltest bei dieser Arbeit vor dem Pferd stehen, aber genügend Abstand halten. Wenn du zu nahe am Pferd stehst, kann es dir leicht einen Nasenstüber in den Bauch geben!

1 „Dein Pferd hält den Kopf für die Ohrenarbeit zu hoch. Du mußt dich ja auf die Zehenspitzen stellen, um die Ohren überhaupt zu erreichen!"

2 „Ich zeige dir, wie es leichter geht. Du faßt an das Nasenband des Halfters und forderst dein Pferd so auf, den Kopf hinunterzunehmen."

3 „Jetzt kommst du ohne Schwierigkeiten an die Ohren! Wenn du dich nun noch so drehst, daß du direkt vor dem Pferd stehst, geht es noch besser."

Maularbeit

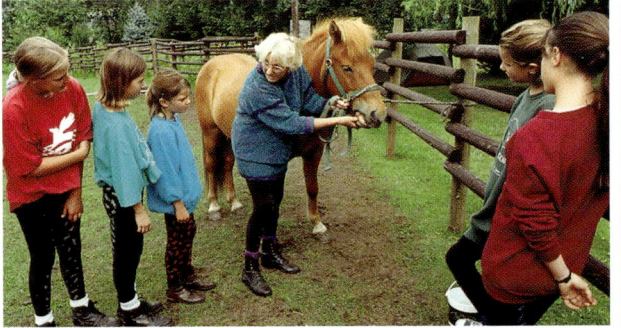

Was ist das: Ein TTouch im und um das Maul herum, am Zahnfleisch und an den Lippen.

Hilfsmittel: Eventuell brauchst du etwas Wasser zum Befeuchten deiner Hände, falls sie zu trocken sind. Stell dir deshalb einen Eimer oder Topf mit Wasser bereit und mach die Finger vor und während der Maularbeit immer wieder darin naß.

Wozu: Bei Pferden, die beißen, stur sind, scheuen, buckeln oder sich gegen die Ausbildung wehren. Außerdem dient die Maularbeit zur Vorbereitung auf das Entwurmen und das Raspeln der Zähne durch den Tierarzt und kann hilfreich sein, falls der Tierarzt je eine Magensonde legen muß.

Wirkung: Das Pferd lernt neue Verhaltensweisen und verbessert seine Lernfähigkeit.

Vorsicht ! Du mußt bei dieser Arbeit aufpassen, daß deine Finger nicht zwischen die Zähne des Pferdes geraten! Auf der Zeichnung hier siehst du, wo sie sitzen.

Als nächstes zeige ich allen die **Maularbeit**. Sie ist in vieler Hinsicht nützlich, besonders aber, wenn es darum geht, die Gefühle eines Pferdes zu beeinflussen. Das hilft besonders Pferden, die teilnahmslos scheinen, sich nicht für Menschen interessieren oder andere festgefahrene Gefühlsreaktionen haben. Einmal hatte ich ein Jährlingsfohlen bei einem meiner Seminare, das dauernd an Menschen herumknibbelte oder sogar nach ihnen schnappte. Die Besitzer hatten schon alles mögliche versucht, um ihm das abzugewöhnen, aber nichts half. Ich zeigte ihnen, wie sie mit dem Maul des Fohlens arbeiten konnten. Nach diesem Seminar hörte das Fohlen auf zu beißen.

Viele Fohlen werden leider nicht von Anfang an konsequent erzogen. Ein sehr junges Fohlen darf dann an seinen Besitzern herumknabbern, und sie finden das sogar noch niedlich. So lernt ein Pferd, daß es Menschen wie Spielkameraden behandeln darf. Es wächst, wird größer und stärker und aus dem verspielten Knibbeln wird auf einmal Schnappen und Beißen. Nun ist die Bestürzung groß! Unser Pferd beißt! Dabei haben die Menschen es doch dazu erzogen!

Bei der Maularbeit stehst du mit dem Rücken zum Pferd etwas hinter seinem Kopf. Mit der einen Hand hältst du das Halfter, mit der anderen beginnst du mit Liegenden Leoparden-TTouches an der Außenseite des Maules, den Lippen und dem Kinn zu arbeiten. Wenn dein Pferd sich nicht dagegen wehrt, rutscht du mit dem Daumen vom hinteren Mundwinkel her ins Maul, um es zu öffnen. Nun kannst du mit allen Fingern unter der Oberlippe, der Unterlippe und auf dem äußeren Zahnfleisch arbeiten.

Natürlich mußt du sehr vorsichtig dabei sein! Du weißt ja, daß Pferde nicht nur Schneidezähne, sondern auch große Mahlzähne haben. Deine

An den Nüstern kannst du zu zweit …

oder auch allein arbeiten.

Vorsichtig schiebt Talia ihre Finger unter die Oberlippe des Pferdes.

Finger sollten immer außerhalb der Zähne bleiben und auf keinen Fall dazwischen geraten!

„Was mache ich, wenn mein Pferd sich nicht am Maul anfassen läßt?"

„Dann kannst du **Nüsterarbeit** machen. Pferde können sehr unterschiedliche Nüstern haben. Bei jungen Pferden sind die Nüstern oft noch schmal und wenig ausgebildet. Bei einem erwachsenen Pferd sind sie meist größer und vor allem auch offener. Pferde können mit ihren Nüstern viele Gefühlsregungen zeigen. Sie können ängstlich oder zornig

schnauben, die Nüstern einzeln hochziehen und schnarrend die Luft durch die Nüstern einziehen, wenn sie aufgeregt und nervös sind.

Am besten beginnst du an der Außenseite der Nüstern und bewegst die Ränder der Nüstern zwischen Daumen und gebogenem Zeigefinger. Das macht dein Pferd geduldiger und erleichtert dem Tierarzt im Notfall das Legen einer Nasensonde."

Du kannst zu zweit an den Nüstern eines Pferdes arbeiten, aber auch gut alleine. Dann stellst du dich vor dein Pferd und beginnst mit einer Nüster, während die andere Hand das Halfter hält. Du kannst den Daumen nach einer Weile etwas tiefer in die Nüster hineinschieben und die Nüster zwischen Daumen und den anderen Fingern sanft hin- und herbewegen. Manche Pferde halten ihre Nüster aus Gewohnheit ziemlich fest. Du kannst ihnen mit der Nüsternarbeit zeigen, daß ihre Nüstern weich und beweglich sein können. Das erleichtert dem Pferd auch das Atmen. Wenn dein Pferd die Arbeit an einer Nüster akzeptiert, kannst du die zweite Nüster dazunehmen. Du kannst aber auch mit beiden Nüstern gleichzeitig arbeiten und sie sogar gelegentlich kreisen lassen.

Die junge Stute genießt die Maularbeit. Sie schließt wohlig die Augen und macht den Hals lang, damit Talia den TTouch auf dem Zahnfleisch leichter ausführen kann.

Besuch auf dem Arabergestüt

„Heute geht es zu den Arabern!" ruft Claire aufgeregt.

Ich möchte, daß die Kinder verschiedene Pferderassen kennenlernen, und deshalb folgen wir gern der Einladung von Frau Goertz auf ihr Gestüt „Asmura Arabians". Nach einer kurzen Fahrt kommen wir zu der wunderschön gelegenen Ranch. Pinienbäume säumen den Weg, auf den großen Koppeln weiden herrliche Pferde, und sogar Petrus meint es gut mit uns: Die Sonne strahlt vom blauen Himmel, und hoch über den Baumkronen ziehen weiße Schönwetter-Wölkchen dahin.

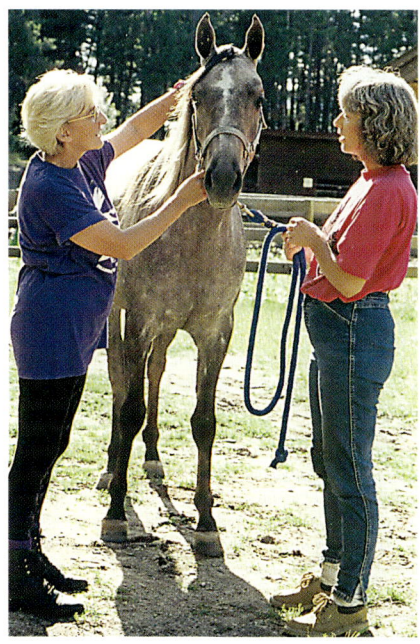

Sheila Goertz stellt mir ihre zweijährige spanische Vollblutaraberstute „Casamira" vor. An der Kopfform läßt sich bereits erkennen, daß die Stute freundlich, intelligent und kontaktfreudig ist.

Sheila Goertz erwartet uns vor den Ställen und begrüßt uns herzlich. Auf einem kleinen Rundgang zeigt sie uns ihr Gestüt und die Pferde. Sie züchtet spanische Vollblutaraber und kann mit Recht stolz auf ihre edlen Pferde sein. Sie bietet uns an, mit der zweijährigen „Asmura Casamira" zu arbeiten. Die anmutige, freundliche Stute wird noch nicht geritten. Frau Goertz läßt ihr die nötige Zeit, sich körperlich und in der Reife zu entwickeln.

Die Kinder bringen Casamira zusammen vom Stall auf die große Weide, wo wir arbeiten wollen. Es ist Casamiras erste Erfahrung mit dem TTouch, und sie genießt die Berührungen der Kinder vom ersten Augenblick.

„Womit fangen wir an?" fragt Shanti.

„Ich schlage vor, daß ihr mit den Händen langsam über ihren Körper fahrt. Achtet auf warme oder kalte Stellen, ob sie irgendwo kitzlig ist, oder wo sie die Berührung nicht so gern mag. Könnt ihr sie überall an-

Gemeinsam geht es leichter! Shanti und Talia führen Casamira auf die Weide.

fassen: im Gesicht, im Maul, an den Ohren? Steht sie still, wenn ihr vorsichtig mit den Händen über alle vier Beine streicht?"

Die Kinder erforschen vorsichtig Casamiras Körper, tauschen ihre Beobachtungen aus und lernen die junge Stute so immer besser kennen.

„Was kann ich machen, wenn mein Pferd sich nicht gerne die Mähne verziehen läßt?" fragt Talia mich.

Ich kenne das Problem von vielen Turnierställen. Die meisten Leute verziehen die Mähne nach unten –

Den TTouch an der Basis der Ohren mag Casamira gern. Mandy arbeitet konzentriert und feinfühlig.

und das kann schmerzhaft sein! Mandy zeigt mit Casamira, wie du dein Pferd mit der **Mähnenarbeit** auf das Mähneverziehen vorbereiten kannst. Du legst dabei die Hände auf den Mähnenkamm und schiebst sie ein paar Sekunden zueinander, ohne daß sie auf dem Mähnenkamm verrutschen. Wenn du wieder losgelassen hast, bewegst du deine Hände ein paar Zentimeter weiter und wiederholst diesen TTouch. Ich nenne ihn auf deutsch den Regenwurm. Das Pferd soll dabei den Kopf tief halten, so wie Casamira auf den Fotos.

Nachdem deine Hände über den gesamten Mähnenkamm gefahren sind, kannst du einzelne Strähnen des Mähnenhaares teilen und rechts und links sanft nach unten ziehen. Danach nimmst du wieder einzelne Strähnen und ziehst sie diesmal nach oben. Diese Mähnen- oder besser gesagt, Haararbeit, ist auch für Menschen angenehm und hilft bei Kopfschmerzen. Du kannst es an dir selbst oder an einer Freundin ausprobieren. Bei Pferden ist es nicht nur eine gute Vorbereitung zum Verziehen der Mähne, sondern entspannt auch ihren gesamten Hals und Nackenbereich bis in die Schultern hinein. Viele Pferde leiden unter großen Verspannungen und haben Schmerzen, besonders, wenn sie oft versammelt gehen müssen. Durch die Verspannung wird der Hals nicht genügend durchblutet. Den meisten Pferden tut es sehr gut, den Hals langzumachen, sanft zu dehnen und zu entspannen.

Einer der Pferdepfleger des Gestüts kommt vorbei und sieht uns eine Weile bei der Arbeit mit Casamira zu. „Warum machen Sie das eigentlich alles?" möchte er wissen.
„Na?" Ich blicke in die Runde. „Warum wohl?"
„Weil es Spaß macht, uns und den Pferden!" ruft Geoff.
„Damit sie sich wohler fühlen", meint Shanti.

„Stimmt", bekräftige ich. „Durch den TTouch bekommt das Pferd ein ganz neues Gefühl für seinen Körper, für seine Ohren, Nüstern, das Maul, die Beine, den Rücken, den Hals, den

Beim Regenwurm-TTouch schiebt Mandy in kurzen Abständen die Hände zusammen, hält und läßt wieder los.

Mandy teilt die Mähne vorsichtig in einzelne Strähnen. Casamira senkt nun vertrauensvoll den Hals.

Die Finger gleiten sanft an den Haarsträhnen nach oben. Danach ist das Mähneverziehen ganz problemlos!

Oft mögen Pferde es sehr, wenn mehrere Menschen gleichzeitig mit ihnen arbeiten. Talia macht den Liegenden Leoparden im Gesicht, Mandy den Regenwurm am Hals, und Shanti beginnt mit der Schweifarbeit.

Bauch und den Schweif. Es wird beweglicher, sein Körper wird besser durchblutet, und es fühlt sich sicherer. So kann es seine Aufgaben besser erfüllen und mehr leisten. Es wird auf Turnieren erfolgreicher sein, taktklarer treten und den Absprung vor einem Hindernis besser taxieren können. Außerdem bekommen wir so eine ganz neue Beziehung zu unseren Pferden – sie werden unsere Freunde!"

Man muß nicht stark sein, um den TTouch zu machen, und oft braucht man auch gar nicht lange dafür. Wenn ein Pferd den TTouch schon kennt, reichen oft fünf Minuten, um es zu entspannen oder vor einem Turnier in Form zu bringen.

Interessanterweise entwickelt sich die TTEAM-Arbeit immer weiter. Meist regen mich die Pferde während der Arbeit dazu an, etwas ganz Neues auszuprobieren, und manchmal entwickelt es sich dann zu einem neuen TTouch. So war es bei Rembrandt Borbet, dem schon legendären Dressurpferd von Nicole Uphoff-Becker. Sie ritt ihn über Jahre von Sieg zu Sieg, und zusammen wurden sie Europameister, Weltmeister und mehrfach Olympiasieger. Bei meiner Arbeit mit „Remmi", wie Nicole den Wallach liebevoll nennt, überkreuzte ich meine Hände an den Handgelenken. Nun machte ich mit beiden Händen gleichzeitig Wolken-Leopard-Kreise. Durch das Kreuzen

der Hände arbeitete ich auf einer größeren Fläche. Diesen TTouch kannst du auch erst mit einer Freundin gegenseitig ausprobieren und üben. Die meisten Menschen empfinden ihn als ebenso angenehm und belebend wie die Pferde. Die Haltung der Hände bei diesem TTouch erinnert mich an einen Turmfalken, der mit ausgebreiteten Schwingen durch die Luft segelt – deshalb nenne ich ihn den **Turmfalken-TTouch**.

Ich nehme Casamiras Schweif und gleite mit den Fingern an einzelnen Haarsträhnen entlang nach unten. „Dieses Jahr habe ich mit Grazioso, einem Nachwuchspferd des deutschen Dressurreiters und Olympiasiegers Klaus Balkenhol, gearbeitet. Der Wallach war nervös und scheute leicht ohne ersichtlichen Grund. Er konnte sich nur schwer konzentrieren und war bisher auf keinem Turnier plaziert. Ich begleitete die Familie Balkenhol zum nächsten Turnier und arbeitete vor der Prüfung mit

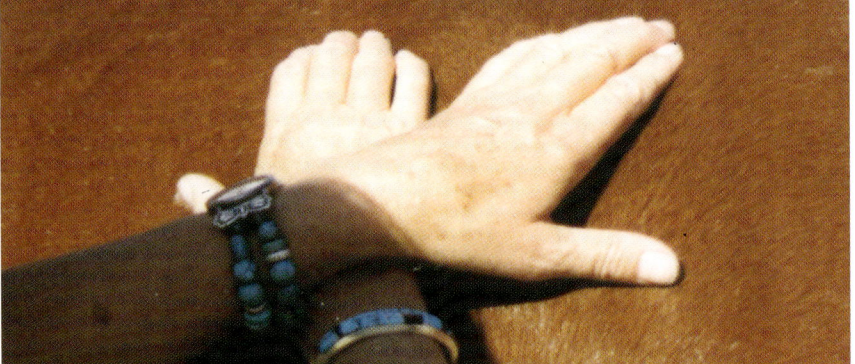

„Den Turmfalken-TTouch habe ich aus der Arbeit mit Sportpferden, die besonders muskulös sind, entwickelt. Die Hände überkreuze ich dabei an den Handgelenken und kann so großflächiger arbeiten."

Angie meint

Mensch müßte man sein! Wenn ein Mensch große sportliche Leistungen vollbringt, hat er eine ganze Reihe von Helfern, die sich um sein körperliches Wohl kümmern: Er wird gepflegt, abgerubbelt und massiert! Viele Menschen gönnen sich eine wohltuende Massage, wenn sie verspannt sind oder Rückenschmerzen haben – und was ist mit Pferden? Viele Pferde haben das auch bitter nötig! Der TTouch tut Pferden sooo gut: Sie können sich entspannen und lernen, ihren Körper besser einzusetzen und Menschen mit weniger Kraftaufwand zu tragen. Und gerade die vierbeinigen Spitzensportler brauchen den TTouch, um die Hochleistungen zu vollbringen, die Reiter von ihnen verlangen.

Grazioso. Nach etwas Beinarbeit und TTouch am Hals tat ich eine Viertelstunde lang weiter nichts, als meine Hände an einzelnen Strähnen seines Schweifes entlanggleiten zu lassen. Das hilft Pferden, die leicht scheuen und um die Hinterhand herum unsicher sind. Als Grazioso in die Prüfung kam, ging er zum ersten Mal in seinem Leben wirklich konzentriert und scheute nicht. So gelang es ihm, auf Anhieb zu gewinnen!"

Es gibt vier Arten der **Schweifarbeit:**
* Waschbär-TTouch: Du beginnst mit kleinen Waschbär-Kreisen auf der Schweifrübe und um den Schweif herum. Das hilft Pferden, die ihren Schweif verspannt an sich pressen, ihn loszulassen und zu heben. Dabei solltest du besonders am Anfang seitlich vom Pferd stehen. Wenn Pferde Angst haben oder sich erschrecken, schlagen sie meist nach hinten, aber nur selten zur Seite aus. Du mußt ganz sicher sein, daß dein Pferd die Schweifarbeit mag und nicht ausschlägt, bevor du dich später auch hinter dein Pferd stellst.
* Schweifkreisen: Dazu wölbst du den Schweif in einem Bogen nach oben. Mit der einen Hand drückst du die Schweifrübe hoch. Die andere Hand liegt etwa 20 cm weiter unten an der Schweifrübe und drückt den Schweif in Richtung Pferd. Dann erst läßt du ihn in beide Richtungen kreisen. Es ist sehr wichtig, daß der Schweif dabei nach oben gewölbt ist.
* Schweifbiegen: Du stellst dich unmittelbar hinter dein Pferd und hältst

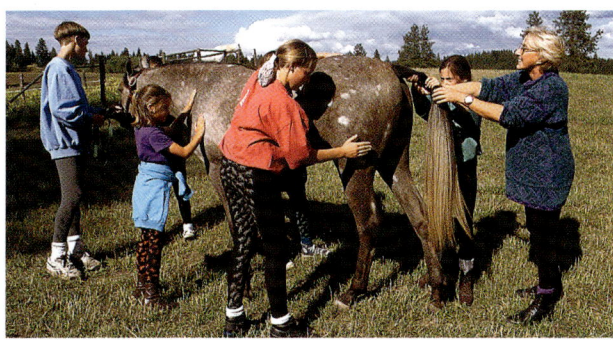

Auf einen Blick

Schweifarbeit

Was ist das?
TTouches und Bewegungen, die am und mit dem Schweif ausgeführt werden.

Wozu:
Bei Pferden, die Angst vor Bewegungen oder Geräuschen hinter sich haben; die nach anderen Pferden und im Hänger ausschlagen; bei Rückenproblemen, zur Verbesserung des Gleichgewichts und der Gänge; auch bei Pferden, die ihren Schweif beim Reiten verkrampfen und verdrehen oder dauernd damit schlagen.

Wirkung:
Durch die Schweifarbeit lernt das Pferd seinen Schweif zu entspannen und anders als gewohnt zu bewegen. Die Schweifrübe ist die Fortsetzung der Wirbelsäule, und wenn du daran ziehst, dehnt und öffnet sich die gesamte Wirbelsäule über die Hinterhand und den Rücken bis in den Hals hinein. Oft holt das Pferd dann tief Luft.

Vorsicht
Natürlich darfst du dich nur dann direkt hinter das Pferd stellen, wenn du sicher weißt, daß es nicht ausschlägt! Im Zweifelsfalle solltest du immer auf Nummer sicher gehen und an der Seite der Hinterhand stehen.

den Schweif mit beiden Händen so, daß deine Finger unter der Schweifrübe und die Daumen von oben darauf liegen. Nun kannst du jeden Wirbel wie eine Perlenkette nach oben und unten bewegen.
* Schweifziehen: Halte den Schweif mit der einen Hand in der Mitte der Schweifrübe, mit der anderen an ihrem Ende. Bei sehr großen Pferden kannst du auch eine Hand an die Schweifrübe und die andere an die Schweifhaare legen. Du stehst in Schrittstellung hinter deinem Pferd. Nun verlagerst du dein Gewicht nach hinten und ziehst langsam und gleichmäßig am Schweif. Halte etwa sechs Sekunden lang und laß langsam wieder los. Denk daran, daß die

Schweifrübe eine Fortsetzung der Wirbelsäule ist. So wirkt sich die Arbeit am Schweif auch auf den Rücken und die Halswirbelsäule bis hin zum Nacken aus. Wenn du langsam ziehst, dehnt sich die gesamte Wirbelsäule und oft atmet das Pferd tief ein. Es ist wichtig, langsam loszulassen. Durch ein zu schnelles oder plötzliches Loslassen fühlt das Pferd sich fallengelassen und wird sich verspannen.

Die Schweifarbeit wirkt nicht nur auf den Körper des Pferdes, sondern kann auch sein Selbstvertrauen steigern. Einmal wurde ich von einem deutschen Araberzüchter gerufen, um mir einen vielversprechenden

Nachwuchshengst anzuschauen. Das Pferd war wunderschön, aber sehr schüchtern. In der Herde hatte es eine der untersten Positionen in der Rangordnung und bewegte sich nicht mit dem Selbstvertrauen und feurigen Temperament, das sein Züchter erwartete. Mir fiel auf, daß der Hengst seinen Schweif eng an die Hinterhand gepreßt hielt und ihn nicht so stolz gewölbt trug, wie es

„Laß deine Hande sanft an den Schweifhaaren entlanggleiten."

die meisten Araber tun. Ich arbeitete zweimal zehn Minuten mit seinem Schweif, und die Wirkung war verblüffend. Anscheinend hatte er sich so daran gewöhnt, den Schweif einzuklemmen, daß er nichts anderes kannte. Nachdem ich ihm ein paar Möglichkeiten gezeigt hatte, fühlte er sich in der neuen Haltung offensichtlich wohler. Und nicht nur das: Innerhalb der nächsten Monate setzte er sich auch in der Rangordnung der Herde auf einen neuen Platz!
Wenn sich die Körperhaltung eines Pferdes verändert, verändert sich dadurch sein Verhalten. Durch den eingeklemmten Schweif war die Hinterhand des jungen Hengstes verspannt, und er erschrak vor allem, was hinter ihm passierte. Als er seine Schweifhaltung veränderte, entspannte sich seine Hinterhand, und er verlor seine Unsicherheit.
Die Schweifarbeit kannst du auch machen, wenn jemand anderes – mit oder ohne Sattel – auf dem Pferd sitzt. So kann die Reiterin spüren, was die Schweifarbeit bewirkt, besonders wenn sie die Augen dabei schließt. Die Bewegung der gesamten Wirbelsäule ist fühlbar. Auch für dein Pferd ist diese Übung eine neue Erfahrung.

„Können wir mit Casamira einmal das **Rückenheben** üben?" fragt Mandy.
Rückenheben eignet sich besonders für Pferde, die den Kopf hoch tragen und ihn nur schwer senken können. Meist ist ihr Rücken verspannt und nach unten weggedrückt. Erst wenn sie lernen, den Rücken loszulassen und nach oben zu bringen, können sie den Hals lang machen und senken. Casamira hat diese Probleme zwar nicht, aber das Rückenheben wird ihr trotzdem guttun. Ich mache die Übung gemeinsam mit Allison. Jede steht auf einer Seite der jungen Stute, und ich leite Allison an:
„Zuerst streichen wir mit der flachen Hand über Casamiras Bauch. So kann sie sich an unsere Berührungen gewöhnen."
Casamira bleibt ruhig stehen, sie ist nicht kitzelig.
„Du beginnst etwa drei Handbreit hinter dem Vorderbein an der Mittellinie des Bauches. In kurzen Abständen drückst du die Fingerkuppen in den Bauch nach oben und läßt wieder los. Dadurch spannt das Pferd die Bauchmuskeln an und hebt seinen Rücken. Du gibst ihm das Signal, und das Pferd macht die Bewegung. Wenn dein Pferd auf deine Fingerkuppen nicht reagiert, kannst du auch vorsichtig mit den Fingernägeln nachhelfen. Wenn dein Pferd gelernt hat, seinen Rücken zu heben, kannst du ihm auch mit gespreizten, gekrümmten Fingern von der Mittellinie nach oben hin über den Bauch streichen. Auch dieses kurze ‚Lecken der Kuhzunge' bringt es dazu, den Rücken zu heben."
Die Kinder sehen deutlich, wie sich Casamiras Rückenlinie anhebt und wieder senkt.
„Was ist eigentlich der Unterschied zum Bauchheben?" möchte Claire wissen, die das Rückenheben gerade auch geübt hat.
„Beim Rückenheben spannt das Pferd die Bauchmuskeln an, um die Rückenlinie nach oben zu bringen.

Lindas Tip

Schweifarbeit mit Reiterin

Die Schweifarbeit kann für Pferde und Reiter eine ganz neue Erfahrung sein. Probier doch einmal Folgendes aus: Während du mit dem Schweif deines stehenden Pferdes arbeitest, sitzt deine Freundin auf dem Pferd – mit oder ohne Sattel. Besonders, wenn du am Schweif ziehst und wieder nachgibst, wird sie spüren können, wie sich der ganze Pferderücken unter ihr bewegt, sich dehnt und wieder zusammenzieht.

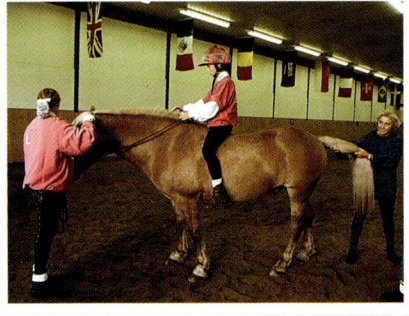

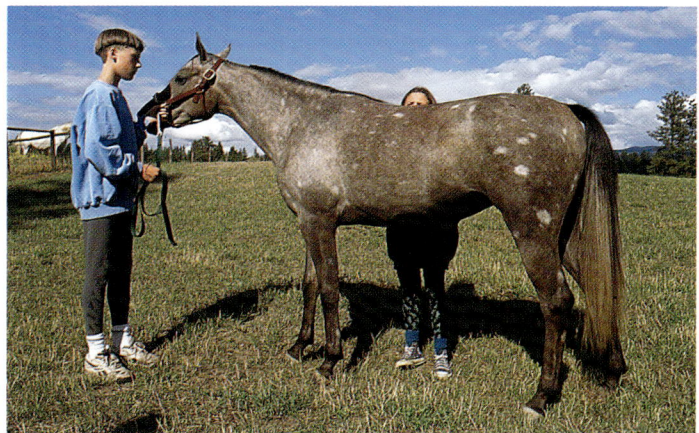

Claire bereitet das Rückenheben vor: Sie streicht Casamira über den Bauch, um sie an die Berührung zu gewöhnen.

Es klappt! Casamira benutzt ihre Bauchmuskeln, um den Rücken deutlich nach oben zu heben.

Auf einen Blick

Rückenheben

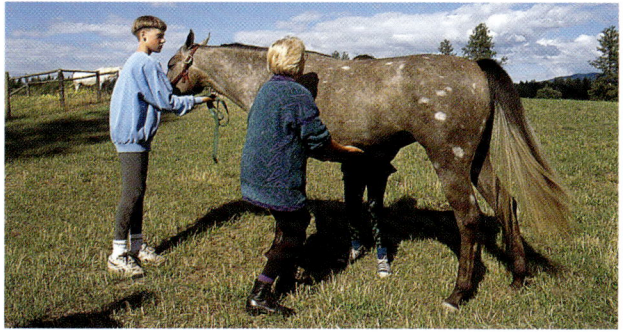

Was ist das?

Ein TTouch, der das Pferd dazu bringt, den Rücken anzuheben.

Hilfsmittel:

Mittellange Fingernägel sind hierbei nützlich.

Wozu:

Bei Pferden mit Senkrücken; bei Pferden, die den Rücken wegdrücken oder einen Hirschhals haben; auch trächtigen Stuten und alten Pferden tut das Rückenheben gut.

Wirkung:

Das Pferd spannt die Bauchmuskeln an und hebt so den Rücken. Er dehnt sich, und das Pferd kann den Hals entspannen. Der Rücken wird elastischer.

Vorsicht !

Überfalle dein Pferd nicht damit! Also nicht plötzlich die Fingernägel in den Bauch drücken – sonst kann es sein, daß dein Pferd erschreckt und nach deiner Hand schlägt. Das Rückenheben immer sehr langsam anfangen. Bei besonders empfindlichen oder kitzligen Pferden solltest du vorher den Wolken-Leoparden entlang der Mittellinie des Bauches anwenden.

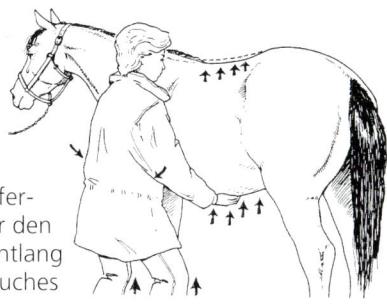

Beim **Bauchheben** entspannt das Pferd die Bauchmuskeln und vertieft seine Atmung. Es ist eine große Hilfe bei Koliken, bis der Tierarzt kommt, bei Streß, Verspannungen und trächtigen Stuten. Du machst es am besten zu zweit, entweder mit den flachen Händen oder mit einem längsgefalteten Handtuch. Dabei hebt man den Bauch an und hält ihn 10–15 Sekunden. Dann läßt man ihn ganz langsam wieder hinunter. Man beginnt hinter den Vorderbeinen und verschiebt die Hände nach jedem Anheben etwas weiter nach hinten."

Bauchheben zu zweit mit den Händen.

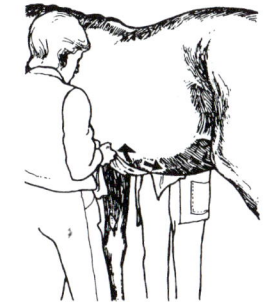

Bauchheben zu zweit mit Handtuch.

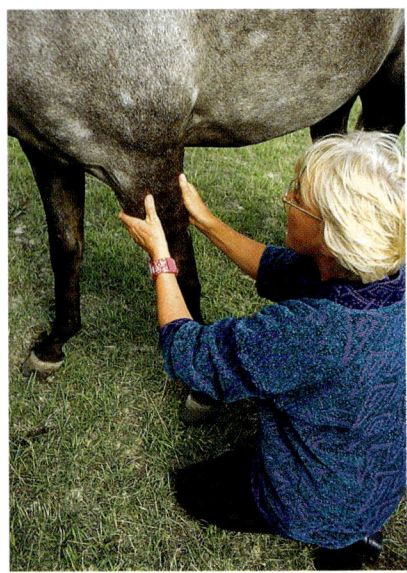

1 **Der Oktopus:** Lege die Hände zu Anfang 10 cm unter das Ellenbogengelenk.

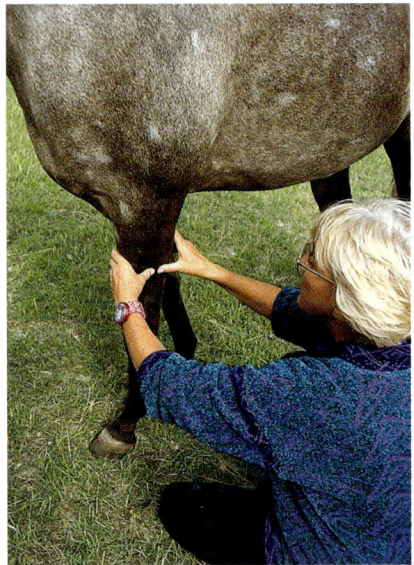

2 Nur die Daumen gleiten ohne Druck am Fell nach unten.

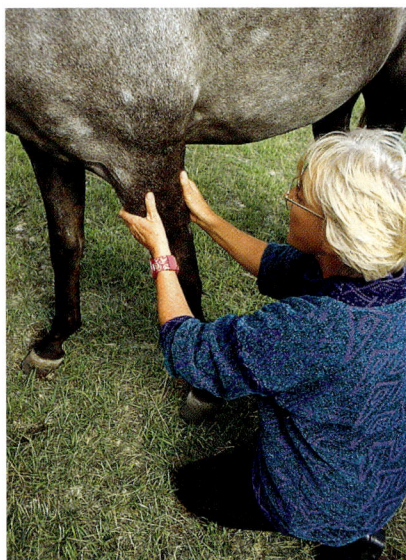

3 Du schiebst nun die Haut mit den Händen und Daumen nach oben.

Zum Abschluß arbeiten wir noch ein wenig mit Casamiras Beinen.

„Es gibt einen besonderen TTouch, den ich euch gern zeigen möchte", sage ich, nachdem wir ein paar Python-TTouches mit Casamira gemacht haben. „Ich nenne ihn den Oktopus, nach einem Oktopus, mit dem ich einmal gearbeitet habe. Deine Hände und Arme müssen für diesen TTouch so beweglich wie die Arme eines Oktopus sein."

Der **Oktopus-TTouch** eignet sich besonders für Pferde, die verspannte Beine haben, stolpern, nervös sind oder scheuen. Sie spüren meist den Boden nicht genug. Durch den Oktopus wird die Durchblutung gefördert. Wenn ein Pferd verspannt ist oder sogar Angst hat, sind auch die Beine schlecht durchblutet. Dadurch sind die Nervenbahnen teilweise blockiert und lassen weniger Informationen durch.

Du kannst dir die Nervenbahnen wie Straßen vorstellen, die ins Gehirn führen. Wenn sie blockiert sind, ist das wie ein Stau auf der Autobahn – der Verkehr bewegt sich nur langsam fort. Der Informationsfluß zwischen Gehirn und Bein ist gehemmt, das Pferd reagiert langsamer und kann

seine Beine nicht so gut koordinieren. Wenn du nun mit dem TTouch arbeitest, verbessert sich die Durchblutung, und die „Straßen" werden wieder frei. Du gibst Informationen, die über die Nervenbahnen ins Gehirn transportiert werden. Stell dir vor, daß auf einmal viele Autos auf den „Straßen" zwischen Bein und Gehirn hin- und herfahren, und wichtige neue Informationen übermitteln. Durch den Oktopus bekommt das Pferd ein neues Gefühl, so daß es wirklich spürt, wie die Beine den Körper mit dem Boden verbinden. Ich zeige hier den Oktopus in einzelnen Schritten. Das Ganze klingt schwieriger, als es ist. Wenn du jeden Schritt verstanden und geübt hast, machst du den Oktopus in einer flüssigen Bewegung.

* Du beginnst mit dem Oktopus etwa 10 cm unter dem Ellenbogengelenk des Pferdes. Mit beiden Händen umfaßt du das Bein. Deine Finger liegen an der Innenseite des Beines, die Daumen zeigen senkrecht nach oben (Foto Nr. 1).
* Nun gleiten die Daumen über das Fell nach unten, bis sie waagrecht sind und die Daumenspitzen zueinander zeigen (Foto Nr. 2).

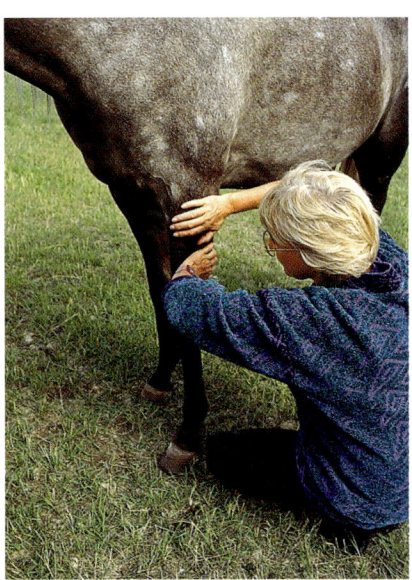

7 Jetzt gleiten die Hände nach vorn und parallel übereinander.

* Du schiebst die Haut mit den Händen nach oben, während die Daumen auseinandergehen (Foto Nr. 3).
* Nun gleiten deine Hände um das Bein herum an die Innenseite (Foto Nr. 4).
* Hier kreuzt du sie und drehst die Hände so, daß deine Handrücken zum Bein zeigen und die Handgelenke übereinander liegen. Du ziehst die so gekreuzten Hände zu dir her, ohne die Position der Handgelenke

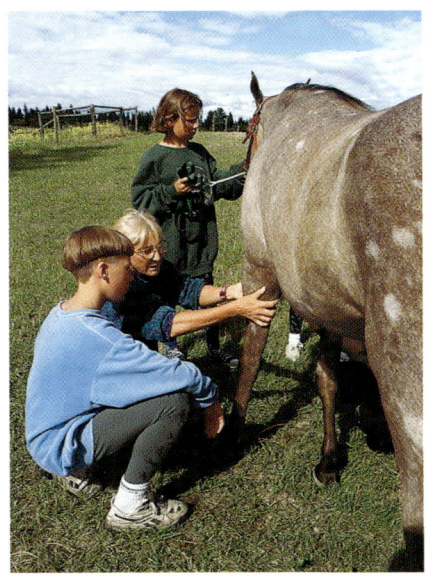

4 Die Hände gleiten an die Innenseite des Beins und überkreuzen sich.

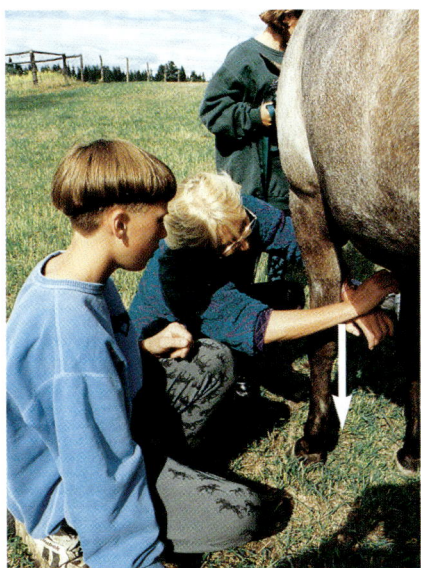

5 Die gekreuzten Handgelenke rutschen innen am Bein nach unten.

6 Die gekreuzten Hände gehen an der Innenseite des Beins wieder nach oben.

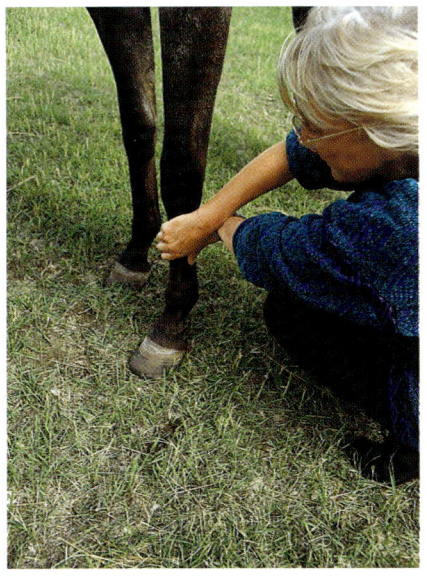

8 Du umfaßt das Bein und gleitest mit gekreuzten Handgelenken nach unten.

9 Der Oktopus endet an der Zehe und am Ballen des Hufs.

zueinander zu verändern. Leicht gegen das Pferdebein gedrückt, bleiben sie aufeinander liegen, gleiten aber zugleich nach unten. Die Bewegung nach unten soll etwa doppelt so groß sein wie die vorangegangene Bewegung nach oben. Wenn du die Haut an der Außenseite des Beines ca. 15 cm nach oben geschoben hast, rutschen anschließend die Handgelenke ca. 30 cm am Pferdebein (siehe Pfeil) hinunter (Foto Nr. 5).

* Du hältst deine Hände einen Moment still und atmest wieder ein.
* Nun bewegst du die gekreuzten Hände an der Innenseite des Beines wieder nach oben, bis an die Stelle, an der du sie zuerst gekreuzt hast (Foto Nr. 6).
* Jetzt drehst du die Hände so, daß die rechte Hand oberhalb der linken Hand parallel außen am Pferdebein entlanggleitet. Der Daumen der rechten Hand liegt dabei ca. 2 cm über

dem kleinen Finger der linken Hand, die Handflächen liegen am Bein (Foto Nr. 7).
* Aus dieser Position heraus umschließen die Hände das Bein, wobei die Handgelenke sich wieder überkreuzen. Die Daumen zeigen nach unten, die Finger zur Innenseite (Foto Nr. 8).
* So streichst du mit beiden Händen das Bein hinunter, und zwar bis auf den Huf. Um dem Pferd ein besseres Gefühl für den Boden zu geben, ist es sehr wichtig, nicht beim Fesselgelenk aufzuhören, sondern mit den Händen bis zum Huf hinunterzustreichen. Dort gibst du an der Zehe und am Ballen etwas Druck und hältst einen Moment inne, um die Verbindung zum Boden deutlicher zu machen. Dabei berühren deine Daumen den Boden (Foto Nr. 9).
* Nun beginnst du wieder oben am Bein mit dem Oktopus, ca. 10 cm tiefer als beim ersten Mal. Man braucht etwa fünf Oktopus-TTouches, um das ganze Bein zu behandeln. Der letzte TTouch beginnt kurz oberhalb des Fesselgelenkes.
Casamira steht still und genießt den TTouch. Auch Geoff, dem ich den Oktopus zeige, ist ganz bei der Sa-

Der Oktopus

Was ist das?

Ein TTouch am Bein des Pferdes. Die Bewegungen dabei erinnern mich an die Arme eines Oktopus, mit dem ich für ein Aquarium arbeitete. Oktopusse sind normalerweise menschenscheu, und wenn sie unter Streß stehen, verändern sie ihre Hautfarbe. Dieser Oktopus wurde ruhiger und hat durch den TTouch gelernt, keine Angst mehr vor den Menschen zu haben.

Wozu:

Für Pferde, die unsicher sind oder leicht stolpern; für Pferde, die ihre Koordination und Gänge verbessern sollen.

Wirkung:

Dein Pferd kann durch den Oktopus-TTouch seine Beine ganz anders und viel besser spüren, sie bewußter und entspannter bewegen, stärker ausgreifen und untertreten. Es wird tritt- und taktsicherer und taxiert Sprünge besser.

Vorsicht !

Du solltest immer in der Hocke bleiben und dich nicht neben dein Pferd knien. Bleib beim Oktopus immer an der Seite des Pferdes, damit dich eine plötzliche Bewegung des Vorderbeines nicht trifft.

che. Der Oktopus ist nicht leicht zu lernen, aber wenn du ihn einmal kannst, macht er wirklich Spaß. Wir üben den Oktopus-TTouch auch an uns selbst.

„Ich finde es richtig gut, den TTouch gegenseitig auszuprobieren und miteinander zu üben", stellt Talia fest. „Dann weiß ich auch, wie der Oktopus sich an meinem Bein anfühlt." „Genau! Aber das ist noch längst nicht alles! Morgen probieren wir noch etwas Lustiges ohne Pferde aus." „Was denn?" wollen alle wissen. „Dreimal dürft ihr raten", sage ich geheimnisvoll.

Allmählich wird es Zeit, die Arbeit mit Casamira zu beenden. Wir bringen sie in den Stall zurück, verabschieden und bedanken uns noch einmal bei Frau Goertz.

Lindas Tip

In die Hocke gehen

Knie dich bitte nicht zur Hufpflege, beim Anlegen eines Verbandes oder zur Beinarbeit neben dein Pferd, sondern bleibe immer auf deinen Füßen. Du kannst in die Hocke gehen, wenn du dich nicht so weit hinunterbeugen willst. Wichtig ist, daß du, wenn dein Pferd sich erschreckt, schnell aufspringen und dich in Sicherheit bringen kannst.

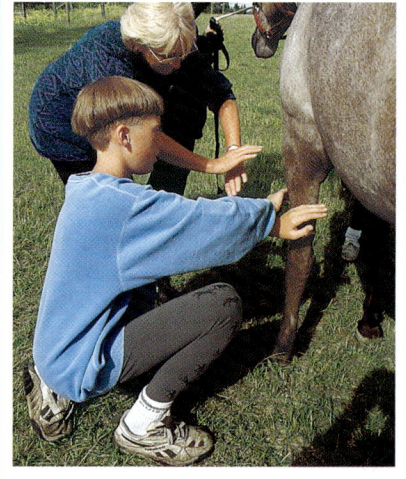

Wohlverdiente Pause auf der Wiese im Schatten vor Robyns Haus. Ich erzähle von meinen Erlebnissen mit Pferden aus aller Welt, beantworte Fragen und zeige gerade Allison, wie der TTouch sich am eigenen Körper anfühlt.

Die Bodenarbeit

Schon die Fahrt zur „Aspengrove Equestrian Academy" ist ein Erlebnis. Die schmale Straße schlängelt sich stetig bergauf, zuerst durch den Wald, dann an weitläufigen Koppeln entlang. Als wir endlich da sind, genießen wir als erstes den atemberaubend schönen Ausblick von der Hügelspitze, auf der Aspengrove liegt. Hilda und Ron Wohlford begrüßen uns herzlich und zeigen uns ihre herrliche Anlage.

Aspengrove gehört zu den besten Reitschulen, die ich je gesehen habe. Ich wünschte mir, alle Schulpferde hätten es so gut: Jedes hat einen eigenen Offenstall mit einem großzügigen Auslauf, so daß die Pferde in Ruhe fressen können und jedes auch die ihm zugedachte Futtermenge bekommt. Aber sie werden nicht etwa allein gehalten: Wenn sie nicht arbeiten, grasen sie als große Herde auf den riesigen Weiden der Reitschule, können sich nach Herzenslust austoben, miteinander spielen und Fellpflege betreiben. Ein richtiges Pferdeparadies!

Die Sattelkammer ist bestens organisiert und aufgeräumt, das Zaumzeug und die Sättel passen einwandfrei, vom Reitplatz aus hat man einen weiten Blick auf Wiesen, Wälder und entfernt aufragende Bergketten.
„Brauchen Sie gleich ein paar Pferde?" fragt Ron freundlich.
„Noch nicht!" Ich sehe Geoffs enttäuschtes Gesicht und füge hinzu: „Jetzt kommt erst die gestern versprochene Überraschung: Wir werden alle zusammen Übungen zum Führen machen und abwechselnd Pferd spielen!"
„Aber Linda!" ruft Geoff empört.
„Wir sind doch nicht im Kindergarten! Pferde führen können wir doch alle im Schlaf. Was soll schon dabei sein?"

„Natürlich könnt ihr alle eure Pferde führen, das weiß ich, und ihr habt es mir schon gezeigt. Aber heute könnt ihr lernen, richtig mit Führkette und Zauberstab umzugehen und euch mit klaren Signalen ohne Kraftaufwand mit euren Pferden zu verständigen. Ich sehe so oft Pferde, die ihre Führerin schon fast mitschleifen. Da stemmt sie vielleicht noch den Ellenbogen in den Hals, und schon ist ein Gerangel im Gang!"
„Und das Pferd, egal, ob groß oder

klein, ist immer stärker!" sagt Mandy. „Genau! Selbst ein Erwachsener kann ein Shetlandpony, das sich wehrt und losreißen will, nicht nur mit Kraft halten. Deshalb ist die Führkette gerade für Kinder wichtig. Du kannst feine Signale geben und hast viel mehr Kontrolle als mit einem Führstrick, falls dein Pferd einmal erschrickt und zur Seite springt. Ohne Kette kann ein Kind in einer solchen Situation ein Pferd nicht halten. Sie ist ein feines Instrument und zugleich eine Art Notbremse. Bei der TTEAM-Methode geht es um Zusammenarbeit und nicht darum, wer der Stärkere ist."

Jedes Pferd hat seinen eigenen Offenstall mit einem geräumigen Auslauf. So kann es über den Zaun hinweg Kontakte pflegen, aber ungestört fressen und sich ausruhen.

In Aspengrove haben die Pferde es gut, weil sie artgerecht gehalten und liebevoll gepflegt werden.

„Haltet die Kette zwischen Daumen und Zeigefinger, damit ihr euren ‚Menschenpferden' feine Hilfen aus dem Handgelenk geben könnt."

ablehnen, weil sie gesehen haben, daß Pferde damit grob bestraft werden, wenn sie nicht kontrollierbar sind. Ich strafe nicht mit der Kette und benutze sie nie allein, sondern immer nur in Kombination mit dem Zauberstab. So erziehe ich mein Pferd, damit es auf feine Signale reagiert und ich nicht mit ihm kämpfen muß. Meiner Meinung nach ist ein Pferd nur dann gut erzogen, wenn es sich problemlos führen läßt. Ich er-

„Wenn du die Hand zur Faust schließt, wird sie hart. Öffne sie ein wenig und achte darauf, die Fingergelenke weich und beweglich zu halten!"

„Komm Pferdchen! Uuund Scheeeritt!" Das „Menschpferd" Claire folgt willig meinen klaren Hilfen in der Führposition „Eleganter Elefant".

„So nicht!" „Pferd" Mandy weiß sich zu wehren! Es schlägt aus und sagt in der Pferdesprache deutlich, daß ihm Geoffs Hilfen nicht gefallen.

„Ich habe gehört, daß man keine Führkette benutzen soll. Wenn ich mein Pferd mit dem Führstrick nicht kontrollieren kann, soll ich doch lieber eine Trense nehmen."
„Ein Pferd, das sich nicht führen läßt, kannst du auch mit einer Trense nicht kontrollieren. Du kannst ihm keine feinen Signale geben, sondern nur ziehen und dich gegen das Pferd stemmen. Durch das Ziehen stumpfst du sogar das Pferd im Maul ab und bringst es aus dem Gleichgewicht. Ich möchte aber, daß ihr lernt, euch mit feinen Signalen verständlich zu machen und mit dem Pferd zusammenzuarbeiten. Ich weiß, daß viele Leute den Gebrauch einer Kette

„Uuund Terrab!" Claire übt hier schon das Longieren. Ihr übermütiges temperamentvolles „Pferd" tobt herum und versucht sogar auszubrechen.

„Bis hierher und nicht weiter!" Ich komme Claire zur Hilfe. „Hab Geduld! Ermutige dein ‚Pferd', anstatt es zu bestrafen. Dann arbeitet es wieder mit!"

warte, daß ein ausgebildetes Pferd an der Hand und unter dem Sattel gute Manieren hat. Wenn das Pferd vom Boden gehorsam ist, arbeitet es auch unter dem Sattel williger mit. Ich habe oft schwierige und sogar gefährliche Pferde in meinen Kursen, die der Besitzer vom Boden aus mit Führstrick oder Trense kaum halten kann. Meistens machen diese Pferde auch unter dem Sattel Schwierigkeiten. Durch die Arbeit mit Führkette, Zauberstab und Bodenhindernissen verändert sich das Verhalten dieser Pferde erstaunlich schnell: Sie werden gehorsam und arbeiten aufmerksam mit, reagieren auf feine Signale und lernen, Menschen zu respektieren. Und damit ihr lernt, mit Kette und Zauberstab feinfühlig umzugehen, üben wir erst aneinander."

Das „Menschen-Pferd" faltet die Hände, wir wickeln die Kette doppelt darum herum und haken sie ein. Ich zeige den Kindern, wie man die Führkette hält: Daumen und Zeigefinger greifen an die Kette oder an das Metalldreieck, das Kette und Nylonband verbindet. Das Nylonband greifst du in Schlaufen. Wickele dir

die Führleine nie um die Hand! Sonst kannst du nicht loslassen, wenn dein Pferd einen unerwarteten Sprung macht! Immer wieder werden sogar Erwachsene in einer solchen Situation umgerissen und mitgeschleift. Das ist lebensgefährlich!

„Was darfst du mit der Kette nicht?" frage ich.

„Nicht daran ziehen", sagt Mandy.

„Ein Pferd nicht daran anbinden", fügt Allison hinzu.

„Es nie mit der Kette strafen!" ruft Shanti.

„Genau! Miteinander dürft ihr jetzt aber alles ausprobieren. Zieht ruhig einmal an der Kette und seht, wie euer ‚Pferd' das findet! Setzt den Zauberstab ein und gebt mal verwirrende und mal klare Signale. Die ‚Pferde' dürfen sich ruhig zur Wehr setzen, wenn ihnen etwas nicht gefällt: ausschlagen, weglaufen, beißen, aber natürlich nur als Spiel. Stellt euch vor, wie sich ein Pferd fühlt und versetzt euch in seine Situation!" Innerhalb von Minuten sausen „Pferde" an mir vorbei, die sich nicht halten lassen, springen Paare, gemeinsam über Hindernisse. Andere probieren konzentriert kleine Bewegungen aus.

„Das macht ja richtig Spaß!" ruft Geoff mit leuchtenden Augen.

Angie meint

Manchmal sind Pferde einfach übermütig und wollen sich austoben. Vor allem, wenn sie lange im Stall stehen mußten, können sie sich nicht gleich auf ruhige Arbeit konzentrieren. Wenn sie dann beim Reiten unruhig und schwer zu halten sind, darfst du ihnen das nicht übelnehmen. Selbst ein kleiner Buckler ist unter diesen Umständen nicht bös gemeint. Vielleicht kannst du auch in der Schule irgendwann nicht mehr stillsitzen und möchtest ein bißchen herumtollen, so wie die Kinder auf den Fotos hier? Gib Pferden deshalb die Gelegenheit, miteinander zu spielen und ihren Übermut auszutoben oder mache wenigstens die TTouches und die Bodenarbeit mit ihnen. Dann können sie bei der Arbeit und unter dem Sattel gelassener und aufmerksamer sein!

Gemeinsam holen wir die Pferde zum Reiten von ihren großen, hügeligen Weiden in Aspengrove.

„Ich wußte gar nicht, wie sehr man als ‚Pferd' schon die feinsten Bewegungen mit der Kette spürt", stellt Talia fest.

Nach einer Weile wechseln wir die Rollen. Wer bisher geführt hat, wird zum „Pferd", und die „Pferde" dürfen führen.

„Wie wäre das wohl in Wirklichkeit?" will Shanti wissen.

Eine interessante Frage …

Nach einer kleinen Pause gehen wir mit Ron auf die großen Weiden und holen Pferde, mit denen wir die Bodenarbeit lernen können.

Zuerst zeige ich, wie die Führkette verschnallt wird. Das Halfter muß dazu richtig sitzen. Das Nasenband soll etwa drei Fingerbreit unter dem Jochbein liegen und darf nicht zu weit sein, sonst verrutscht es beim Führen leicht. Am besten sind runde Ösen an der Seite des Halfters, in eckigen Ösen verhakt sich die Führkette zu leicht. Wenn du kein Halfter mit runden Ösen hast, kannst du auch eines mit eckigen nehmen. Gib dann aber bitte besonders acht, daß die Kette sich nicht unbemerkt festzieht!

Wenn du dich mit der Kette unsicher fühlst, ein junges oder sehr sensibles Pferd hast, kannst du statt dessen auch die Lamaleine verwenden (Foto S. 43). Es ist ein Führseil mit einem weichen Seil anstelle der Kette. Die Lamaleine wird genauso wie die Führkette verschnallt und verwendet. Fohlen solltest du immer mit einer Lamaleine führen, für sie ist die Kette gewichtsmäßig zu schwer und in ihrer Wirkung zu stark. Kette und Zauberstab sind Ausbildungsmittel. Ein gut ausgebildetes Pferd kannst du mit einem normalen Führseil

(Foto S. 43)

Auf einen Blick

Die Führkette

Was ist das?	Eine ca. 75 cm lange Führkette mit einem ca. 190 cm langen Nylonband.
Hilfsmittel:	Handschuhe sind empfehlenswert!
Wozu:	Zum Führen, um dem Pferd ohne Kraftaufwand präzise Signale geben zu können. Zur Ausbildung für die Bodenarbeit, zur Arbeit mit heftigen Pferden.
Wirkung:	Die Kette wirkt sehr fein und genau auf den Nasenrücken ein. So kann das Pferd besser spüren, was du von ihm willst – selbst ein Zupfen nach vorne oder hinten ist schon ein klares Zeichen.
Vorsicht !	Du darfst dein Pferd unter keinen Umständen an der Kette anbinden! Falls es nach hinten springt, könnte es sich sonst das Nasenbein verletzen oder die Kette zerreißen! Bei der Bodenarbeit immer nur leicht zupfen und gleich wieder loslassen. Nie mit der Kette strafen oder dem Pferd Angst machen! Nie an der Kette ziehen! Es ist auch gefährlich, einen Finger in das Dreieck der Führkette oder in das Halfter zu haken! Übe, die Führleine in einer Schlaufe zu halten, bis es dir selbstverständlich ist. So kannst du sie nicht versehentlich um die Hand wickeln.

1 „Du fädelst die Führkette von außen nach innen ein und ziehst sie dann nach unten durch die Öse."

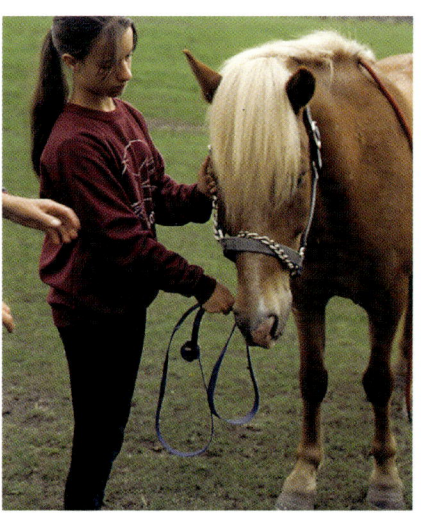

2 „Du kreuzt sie über das Nasenband und ziehst sie von innen nach außen durch die Öse auf der anderen Seite."

3 „Nun hakst du die Kette in die obere Öse des Halfters ein, und zwar so, daß das Häkchen nach außen zeigt."

führen. Ich kenne Pferde, die bei der Bodenarbeit sogar ohne Halfter mitmachen! Natürlich haben ihre Besitzer erst mit ihnen geübt, bis sie die Bodenhindernisse kannten und den Stimmkommandos und Handzeichen gerne folgten. Sie gehen völlig frei neben ihrem Menschen her – über Wippen, durch das Labyrinth, durch das Zickzack und den Stern – eben durch dick und dünn! Es ist ein wundervolles Gefühl, diese Art von Verständigung mit seinem Pferd erreicht zu haben.

Ich lehre Pferde auch, sich von beiden Seiten, also von links und von rechts, führen zu lassen. Das verbessert die Koordination von Mensch und Pferd. Denk einmal darüber nach: Wir putzen unsere Pferde von links, satteln sie von links, führen sie von links und steigen von links auf. Und dann wundern wir uns, daß sie sich meistens besser nach links als nach rechts biegen! Auf Island macht man es anders: Dort wird von rechts gesattelt und aufgesessen!
Du kannst deinem Pferd helfen, sich gleichmäßig in beide Richtungen zu biegen, wenn du es schon beim Führen darauf vorbereitest.
Wenn die Kette zu lang ist, kannst du sie verkürzen, indem du das Endstück der Kette durch die oberste Öse führst und sie dann weiter unten einhakst. Die Kette liegt an dieser Stelle doppelt und wird dadurch auf der anderen Seite kürzer.
Es gibt noch eine andere Art, die Kette zu verschnallen: nämlich nur auf einer Seite. Du fädelst die Kette durch die Öse an der Seite nach oben durch den Halfterring und dann wieder zurück nach unten. Die Kette kreuzt sich beim Durchfädeln der Öse am Nasenband, und du schnallst das Endstück in das Metalldreieck ein. Ich habe herausgefunden, daß Pferde besonders gut lernen, den Kopf zu senken und mit tiefem Kopf zu gehen, wenn man die Kette auf diese Weise verwendet.

So verschnallst du die Lamaleine. Sie eignet sich zur Arbeit mit besonders sensiblen Pferden und mit Fohlen.

„Warum ist es denn so wichtig, daß das Pferd den Kopf tief hält?" fragt Claire.
„Das ist eine gute Frage! Pferde sind von Natur aus Fluchttiere. Das heißt, sie flüchten, sobald eine Gefahr droht. Man nennt das den Fluchtreflex. Dabei denkt ein Pferd nicht nach, es kann einfach nicht anders, wenn es nicht ausgebildet ist. Zum Fluchtreflex gehört eine bestimmte Körperhaltung. Sicher hast du Pferde schon beobachtet, wenn sie erschrecken: Sie reißen den Kopf hoch. Dadurch ist ihr ganzer Körper in Alarmbereitschaft, das kleinste Geräusch genügt, und sie preschen los. Wenn ein Pferd also mit hocherhobenem Kopf dasteht, kann es sich nicht entspannen. Es kann nicht denken und sich nicht konzentrieren. Deshalb ist es so wichtig, daß das Pferd den Kopf senkt. Sobald der Kopf gesenkt ist, ist der Fluchtreflex ausgeschaltet. Das Pferd beruhigt sich, kann sehen, was vor ihm auf dem Boden ist, kann denken."
„Denken? Können Pferde denken?" wirft Geoff ein.
„Viele Menschen glauben, daß sie die einzigen Lebewesen auf der Erde sind, die denken können. Denkste! Pferde können denken, und ich bin überzeugt davon, daß sie durch die TTEAM-Arbeit intelligenter werden."
Ein Pferd, das reflexartig reagiert, denkt nicht nach, sondern handelt

aufgrund eines sehr tiefliegenden Instinkts. In dem Augenblick, in dem es lernt, nicht nur instinktmäßig zu reagieren, kann es eine Situation einschätzen und den Fluchtreflex überwinden. Es kann sich etwas, vor dem es erschrocken ist, anschauen und verstehen, daß es keine Gefahr bedeutet. Es kann sich entspannen und muß nicht flüchten. Ein sicheres Reitpferd darf nicht instinktmäßig reagieren, sondern muß Selbstkontrolle

Eine zu lange Führkette läßt sich so verkürzen: Du fädelst sie durch den oberen Ring und hakst sie seitlich ein.

Du kannst die Führkette auch nur an der Seite verschnallen. So lernen Pferde das Kopfsenken besonders leicht.

lernen. Deshalb ist es wichtig, daß der Helfer, der das Pferd beim TTouch hält, das Pferd dazu auffordert, den Kopf zu senken. Auch bei der Bodenarbeit soll das Pferd den Kopf so tragen, daß es gut sehen kann, wohin es tritt und entspannt und ruhig geht.

„Soll der Kopf immer so tief wie möglich sein?" fragt Claire.

„Nicht immer, das kommt auf das Pferd an. Ein zu langsames Pferd sollte ihn etwas höher nehmen, damit es besser im Gleichgewicht geht und mit der Hinterhand mehr untertritt. Wenn hingegen ein nervöses Pferd mit hoher Kopfhaltung, verspanntem Rücken und Hals lernt, den Kopf tief zu tragen, kann es sich entspannen. Ein entspanntes Pferd ist rittiger. Es kann in jedem Fall besser mitarbeiten: beim Freizeitreiten, in der Dressur, beim Springen, in Gangprüfungen, beim Fahren oder Westernreiten."

Jetzt sind die Kinder bereit, das miteinander Gelernte mit den Pferden auszuprobieren!

„Wie bist du eigentlich darauf gekommen, Bodenarbeit zu machen?" fragt Talia auf dem Weg zur Reitbahn.

„Ich war damals ein Jahr jünger als du", fange ich an zu erzählen. „Du weißt ja, daß ich als junges Mädchen schon Pferde zuritt. Aber ganz anders, als ich es heute mache. Ich wußte es nicht besser und mußte sie also nach der üblichen Hauruck-Methode einreiten. Die jungen Pferde wurden in einem 'Roundpen' herumgescheucht, um ihnen das Buckeln auszutreiben. Trotzdem buckelten sie auch unter dem Reiter noch ab und zu. Du kannst dir sicher vorstellen, wie oft ich dabei heruntergefallen bin. Ich war es mit der Zeit leid. Mir machte der Kampf mit den verängstigten Jungpferden keinen Spaß, aber ich wußte mir nicht zu helfen. Als ich eines Abends nach Hause ritt, traf ich einen alten Mann. Er hielt

Auf einen Blick

Ausrüstung für die TTEAM-Arbeit

1. Lamaleine	Eine weiche Führleine, die wie die Führkette diagonal über das Nasenband des Halfters verschnallt wird.
2. Gummistriegel und Putzhandschuh	Striegel aus Gummi mit weichen oder abgerundeten Noppen und ein Handschuh aus groben Fasern.
3. Halsring	Ein Ring aus einem kunststoffbeschichteten, versteiften Seil, den man in der Größe verstellen kann.
4. Balancezügel	Ein etwa 2 m langes Seil von 1 cm Durchmesser, das als Ring um den Pferdehals gelegt wird.
5. Zauberstab	Eine 120 cm lange, steife Gerte mit Knauf. Ich nenne sie Zauberstab (in meiner Muttersprache heißt das „magic wand"), weil man so viele wunderbare Dinge damit beim Pferd bewirken kann.
6. Körperband	Elastische Binden aus Baumwolle, die man in verschiedenen Längen und Breiten kaufen kann.
7. Führkette	Eine 75 cm lange Führkette an einem 190 cm langen Nylonband (es darf aus Sicherheitsgründen nicht kürzer sein).

mich an und sagte, daß er mir schon lange beim Reiten zugeschaut habe. Er schenkte mir ein Buch, in dem genau beschrieben war, wie man ein Jungpferd ohne den mir so verleideten Kampf an den Sattel gewöhnt – mit Fahren vom Boden, also mit langen Leinen, aber ohne Gespann. Dieses Büchlein war eine Offenbarung für mich. Ich verschlang es geradezu und wollte diese Methode natürlich gern mit einem Pferd ausprobieren. Die Gelegenheit bot sich bald. Ich wurde von Freunden meiner Eltern gebeten, ihre Vollblutstute einzureiten. Ich hielt mich an das Buch, legte ihr einen leichten Sattel auf und fuhr sie vom Boden aus. Dabei führte ich zwei Fahrleinen durch die Steigbügel und hakte sie in die Trensenringe ein. Als ich etwa eine

Woche später das erste Mal auf ihrem Rücken saß, war ich glücklich. Sie ging ruhig und zufrieden, buckelte nicht, hatte keine Angst und dachte gar nicht daran, mich abzuwerfen. So hatte ich mir das vorgestellt!

Im Laufe der Jahre entwickelte ich das Fahren vom Boden weiter – und außerdem meine eigene Bodenarbeit. Ich fand heraus, daß sich die Bodenarbeit nicht nur zum Einreiten von Jungpferden eignet. Die meisten Pferde können etwas dabei lernen, von den Menschen ganz zu schweigen. Spitzenpferde verschiedenster Disziplinen haben ihre Leistungen durch die Bodenarbeit verbessert, Durchgänger und Pferde mit den unterschiedlichsten Schwierigkeiten lernten neue Verhaltensweisen. Die Bodenarbeit bereitet ein Pferd darauf vor, auch unter dem Sattel feinsten Hilfen zu folgen. Langsame, sture oder sogenannte faule Pferde entwickeln mehr Vorwärtsdrang und arbeiten freudiger mit. Heftige Pferde beruhigen sich und lernen auf das Signal des Reiters hin, vorwärts zu gehen, anstatt aus Verspannung oder Angst vorwärtszudrängen. Bodenarbeit bringt außerdem Pferden und Menschen Abwechslung!"

Wir sind auf dem Reitplatz angekommen. Ich nehme den Schimmelwallach Drummerboy und zeige als erstes die Führposition **Eleganter Elefant**:
Beim Führen von links nimmst du das Ende der Führleine und den

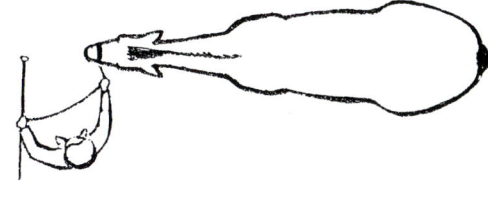

Diese Führposition heißt „Der Elegante Elefant". Mit dem Zauberstab zeigst du dem Pferd den Weg.

Zauberstab in die linke Hand. Du stehst so, daß der Kopf des Pferdes auf deiner Schulterhöhe ist. Dort soll er auch in der Bewegung bleiben.

Den Zauberstab hältst du in der Mitte, den Knauf in Brusthöhe des Pferdes, in einem Abstand von ca. 70 cm vor seinem Kopf. Mit der rechten Hand hältst du die Kette – normalerweise am Metalldreieck oder etwas höher an der Kette. Bei einem sehr großen oder aufgeregten Pferd kannst du mit der Hand auch tiefer greifen und dem Pferd so etwas mehr Spielraum lassen.
* Zum Antreten bewegst du den Zauberstab wie einen langen Arm nach vorne. Der Knauf zeigt dem Pferd die Richtung, in die es gehen soll. Du kannst dir vorstellen, daß die

Der Elegante Elefant

Auf einen Blick

Was ist das? Es ist unsere stärkste Führposition, in der du am meisten Kontrolle über dein Pferd hast. Ich habe diese Führposition zu Ehren der Elefantenkuh „Empress" im Zoo von Honolulu benannt. Ich stelle mir bei dieser Position vor, daß das Pferd einen langen Elefantenrüssel hat und mit ihm meinem Zauberstab nach vorne folgt.

Wozu: Bei Jungpferden und Pferden, die noch nicht gelernt haben, den Führenden zu beachten und zu respektieren.

Wirkung: Das Pferd lernt, auf dich und deine Signale zu achten. Du kannst es sicher führen und es ohne Kraftaufwand kontrollieren. Es lernt Selbstkontrolle und geht mehr im Gleichgewicht.

Vorsicht ! Es ist gefährlich, einen Finger in das Dreieck der Führkette oder in das Halfter zu haken! Übe, die Führleine in einer Schlaufe zu halten, bis es dir selbstverständlich ist. So kannst du sie nicht versehentlich um die Hand wickeln.

Mandy hält das Nylonband der Führkette ihres „Pferdes" zu großen „Hasenohren-Schlaufen" gefaßt.

Nüstern des Pferdes wie ein langer Elefantenrüssel dem Zauberstab folgen. Gleichzeitig gibst du ein klares Stimmkommando und zupfst leicht mit der Kette nach vorne. Wichtig ist, nie zu ziehen, sondern nur zu zupfen und gleich wieder nachzugeben! Das Pferd tritt beim Nachgeben an, nicht beim Zupfen!

* Zum Anhalten solltest du dich auf der Nasenhöhe deines Pferdes befinden, nicht an seiner Schulter! Du gibst das Stimmkommando „Ho" und machst dabei den Vokal beim Ausatmen lang, also: „Hooooooooo". Du wiederholst das Kommando, bis das Pferd steht. Das hilft dir, gut durchzuatmen. Gleichzeitig bewegst du den Zauberstab mit einer weichen Bewegung aus dem Handgelenk etwa 70 cm vor dem Kopf des Pferdes im Bereich zwischen Auge und Maul ein- oder zweimal auf und ab. Es muß eine ruhige Bewegung sein und kein wildes Herumfuchteln! Dann tippst du deinem Pferd mit dem Zauberstab zwei Mal gegen die Brust und gibst zugleich mit der Kette das Signal zum Anhalten: nach hinten zupfen und wieder nachgeben. Du kannst mit dem Zauberstab das stehende Pferd an der Halsunterseite und an der Brust abstreichen und es loben.

Ich zeige den Kindern einige Minuten den „Eleganten Elefanten". Drummerboy erweist sich als gelehriger Schüler. Er versteht meine Signale schnell und folgt ihnen willig. Ich lobe ihn ausgiebig und gebe ihn Talia. „So, nun seid ihr dran!"
Am Anfang ist es gar nicht so leicht, an die vielen Einzelheiten der Führposition zu denken. Wie die meisten Reiterinnen hat auch Talia gelernt, auf Schulterhöhe des Pferdes zu gehen. Ohne es zu merken, fällt sie immer wieder dorthin zurück, anstatt auf Kopfhöhe des Pferdes zu bleiben. Dadurch zieht sie Drummerboy zu sich herum und kann ihn nicht in gerader Linie anhalten.

Ich erkläre Talia, wo sie stehen muß, damit sie Drummerboys Kopf nicht zu sich herumzieht. „Es ist außerdem viel sicherer, in Kopfhöhe zu stehen. Stell dir vor, Drummerboy macht einen plötzlichen Sprung in deine Richtung! Wenn du an seiner Schulter stehst, kommst du bestenfalls mit ein paar blauen Zehen davon. Hier am Kopf hast du einen größeren Sicherheitsabstand, kannst besser sehen und gerätst nicht in Versuchung, dich mit deinem Körper gegen ihn zu lehnen."
„Das bin ich aber gewohnt", meint Talia.
„Ich weiß! Aber nur wenn du auf Kopfhöhe bist, führst du das Pferd und nicht umgekehrt."
Nach ein paar weiteren Übungen klappt es wunderbar. Talia gibt die

richtigen Signale, und Drummerboy arbeitet gerne mit. Großes Lob für beide!

„Jetzt zeige ich euch eine andere Art, Pferde zu führen!"
Diesmal demonstriere ich mit dem Fuchs Cody die Führposition **Dingo**. Sie beruhigt ein nervöses Pferd und weckt ein langsames Pferd auf. Beim Dingo hältst du die Führleine mit der linken Hand in losen Schlaufen wie große Hasenohren. Die Kette wird ein paar Zentimeter vom Halfterring entfernt zwischen Daumen und Zeigefinger der linken Hand gehalten. In die rechte Hand nimmst du deinen Zauberstab. Der Dingo besteht aus vier Schritten:
1. Du machst dein Pferd durch ein leichtes Zupfen an der Kette auf-

Auf einen Blick

Der Dingo

Was ist das? Ein Führposition, die ich den wilden Dingos Australiens zu Ehren benannt habe.

Wozu: Der Dingo hat sich bei Pferden bewährt, die Anhalten und Antreten auf gerader Linie lernen sollen. Er eignet sich für Pferde, die zu stark auf der Vorhand gehen und ihre Hinterhand nicht genügend einsetzen. Mit ihm kannst du deinem Pferd helfen, die Verbindung von Vor- und Hinterhand zu spüren.

Wirkung: Dein Pferd lernt, mit der Hinterhand unterzutreten. Durch das Antippen mit dem Zauberstab aktivierst du sie beim Antreten. Das macht sich später auch beim Reiten bemerkbar. Dein Pferd balanciert sich besser aus und geht nicht auf der Vorhand.

Vorsicht ! Es ist wichtig, das Pferd auf dein Antippen mit dem Stab immer durch das Abstreichen des Rückens vorzubereiten.

merksam. Es soll dabei im Genick nachgeben.

2. Dann streichst du zwei- oder dreimal deutlich mit dem Zauberstab vom Widerrist bis zur Kruppe über den Rücken. Dein Pferd soll dabei aber noch nicht losgehen, sondern erst durch das Abstreichen seinen Rücken besser spüren.

3. Danach erst zupfst du an der Kette nach vorne.

4. Dabei unterstützt du dieses Ketten-Kommando mit einem Signal des Zauberstabes, mit dem du in kleinen, kreisförmigen Bewegungen im Uhrzeigersinn zweimal auf die Kruppe tippst: „Ding, ding – go."

Am Anfang kannst du zusätzlich noch ein Stimmsignal gebrauchen: „Uuuund Scheeeeritt."

Du kannst in dieser Position dein Pferd kurze Strecken führen. Bei längeren Strecken wechseln wir meist zur „Delphin-Position" (siehe S. 50) oder zur „Anmut des Geparden" (siehe S. 51) über.

So streichst du beim Dingo mit dem Zauberstab über den Rücken.

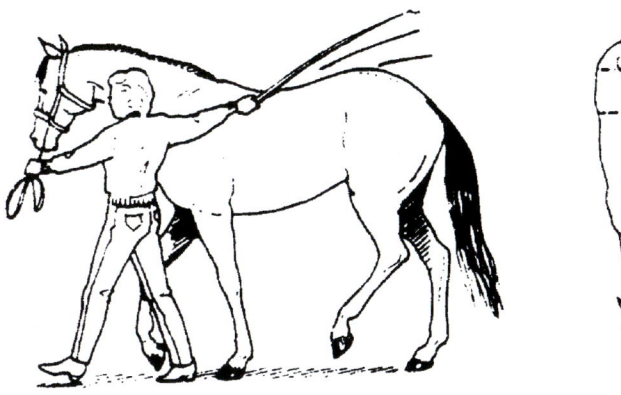

Und an dieser Stelle tippst du dem Pferd auf die Kruppe.

oben: Die Kinder streichen im Dingo mit dem Zauberstab über den Pferderücken.

rechts oben: So werden die Pferde in der Führposition „Dem Kamel einen Tip geben" angehalten.

Der Dingo im Schritt: Die Kinder gehen mit leicht gedrehtem Oberkörper neben ihren Pferden.   ▷

Dem Kamel einen Tip geben

Was ist das? Eine Führposition, um dein Pferd aus dem Dingo heraus anzuhalten. In Australien habe ich viel mit Kamelen gearbeitet und sie auch geritten. Ich denke bei dieser Position an sie.

Wozu: So kannst du deinem Pferd beibringen, seinen Schwerpunkt nach hinten zu verlagern und im Gleichgewicht anzuhalten.

Wirkung: Dein Pferd hält an, ohne den Kopf hochzuwerfen oder ihn hinter die Senkrechte zu nehmen. Es kann die Verbindung vom Hals zum Körper spüren und anhalten, ohne die Vorhand überzubelasten. Ein großer Vorteil auch unter dem Sattel!

Vorsicht ! Du solltest deine linke Hand etwa 5 cm vom Halfter entfernt an der Kette halten, um dein Pferd gerade zu richten. Achte darauf, es nicht zu dir herumzuziehen!

Zum Anhalten aus dem Dingo kannst du die Führposition **Dem Kamel einen Tip** geben einsetzen. Aus der Dingo-Position heraus führst du den Zauberstab von der Kruppe des Pferdes weg und an seiner Seite vorbei nach vorne. Du gibst ihm das Signal zum Anhalten mit Stimme, einem leichten Kettensignal und einem Antippen auf der Brust. Am leichtesten geht das, wenn du den Zauberstab bis etwa zur Hälfte durch die Hand gleiten läßt, während du ihn nach vorne bringst. Es gibt noch eine weitere Möglichkeit, um aus dem Dingo anzuhalten, und zwar die Führposition **Der Sprung des Känguruhs.**
Dazu führst du den Zauberstab aus dem Dingo bogenförmig in einer ruhigen Bewegung über den Kopf deines Pferdes als Sichtsignal nach vorne, bis ca. einen halben Meter vor seine Nase. Kombiniert mit dieser Bewegung gibst du die Stimm- und Kettensignale zum Anhalten.

Die verschiedenen Führpositionen verlangen große Konzentration. Einmal hältst du die Führleine in der linken, dann in der rechten Hand. Du gehst nach vorne, aber dein Oberkörper ist seitwärts gedreht. Auch der Zauberstab wird immer wieder neu und anders eingesetzt. Deshalb hilft es dir, wenn du alle diese Körperbewegungen zuerst ohne Pferd, oder zu zweit übst.

Geoff hat ein Problem mit der Pintostute Esprit. Sie tritt nicht an, obwohl Geoff die Signale richtig gibt. „Nur antippen reicht bei ihr nicht", sagt Geoff entmutigt, „sie steht da, als sei sie festgewachsen!"

„Diese Situation kenne ich! Sie erinnert mich an eine Haflingerstute, die genauso dastand wie Esprit und einfach nicht reagierte. Ich tippte ihr ein

Antreten im Dingo. Die Hinterhand wird mit dem Zauberstab aktiviert und vom Pferd vermehrt eingesetzt.

Anhalten aus dem Dingo. Allison wechselt dazu in die Führposition „Dem Kamel einen Tip geben" über.

paarmal fester auf die Kruppe, aber ohne Erfolg. Sie verspannte nur die Hinterhand. Schließlich zog ich ihr eins über – und sie buckelte und sprang vorwärts. Da begriff ich: Die Stute hatte nie gelernt, auf ein Antippen der Kruppe hin vorwärts zu gehen! Sie spürte außerdem ihren Körper nicht sehr gut, das heißt, die Hinterhand war in ihrem Empfinden gar nicht mit der Vorhand verbunden. Also ging es zuerst darum, diese Verbindung zu schaffen. Ich machte ein paar TTouches und strich mit dem Zauberstab fest über ihren Rücken. Ich wollte ihr sagen: ‚Hier ist dein Rücken, und das hier ist deine Hinterhand. Sie sind miteinander verbunden!'

Die Stute war nicht stur, wie ihre Besitzer vermutet hatten, und verdiente auf keinen Fall eine Strafe. Sie war einfach ein Pferd mit ungenügendem Körpergefühl, das nicht verstehen konnte, was ich von ihm wollte."

„Meinst du, Esprit geht es auch so?" fragt Geoff zögernd.

„Wahrscheinlich. Es ist auf alle Fälle besser zu überlegen, was die Ursache für Ungehorsam ist, als ein Pferd einfach zu schlagen."

Gemeinsam mit Geoff arbeite ich mit dem „Lecken der Kuhzunge" an Esprit. Dann streiche ich mit dem Zauberstab ihren ganzen Körper ab. „Jetzt kannst du es noch mal probieren. Gib ihr ein klares Signal mit der Kette und verstärke es mit deiner Stimme und einer Vorwärtsbewegung deines Körpers."

Und siehe da: Esprit tritt sofort an! Geoff strahlt über das ganze Gesicht, und auch Esprit macht einen zufriedenen Eindruck.

„Linda!" Shanti hebt hilflos die Schultern. „Aeron drängt dauernd zu mir her", beklagt sie sich. „Wie kann ich ihm beibringen, seinen Abstand einzuhalten?"

„Es ist nicht schön, von einem Pferd bedrängt zu werden, besonders, wenn man selbst klein und das Pferd groß ist", bekräftige ich.

„Stimmt", seufzt Shanti und übergibt mir Aeron.

„Hier kannst du dir mit einer Führposition helfen, die ich **Delphine schnellen durch die Wellen** genannt habe. Die Ausgangsposition ist der Dingo. Du tippst dein Pferd mit dem Zauberstab an vier Punkten an: erst auf die Kruppe, dann am Widerrist, damit es nicht zu dir herdrängt. Um den Hals geradezuhalten, tippst du hinter die Ohren. Zum Schluß tippst du es noch seitlich über dem Maul, leicht wie mit einem Pinsel.

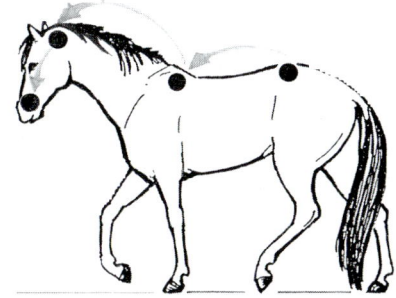

Die vier Punkte zum Berühren mit dem Zauberstab beim „Delphin".

Das Antippen dieser vier Punkte mit dem Zauberstab wird dein Pferd gerade und auf Distanz halten. Wenn dein Pferd das einmal gelernt hat, kannst du die linke Hand bis ans Ende der Leine gleiten lassen und so in noch größeren Abstand zu deinem Pferd gehen. Bei dieser Übung solltest du mit deinem Pferd geradeaus vorwärts und dann in einem Halbkreis gehen. Das ist auch eine gute Vorbereitung zum Longieren."

Der Sprung des Känguruhs

Auf einen Blick

Was ist das? Eine Führposition aus dem Dingo, mit der du dein Pferd anhalten kannst. Die Känguruhs in Australien haben mir die Idee zu diesem Namen gegeben.

Wozu: Besonders kopfscheue Pferde profitieren von dieser Übung. Sie dient auch der Vorbereitung zum Verladen, damit das Pferd Angst vor Begrenzungen von oben verliert.

Wirkung: Dein Pferd gewöhnt sich an eine Bewegung über seinem Kopf. Deshalb ist diese Übung auch besonders für Jungpferde geeignet, die auf das erste Aufsitzen vorbereitet werden sollen. Nun wird dein Pferd nicht mehr erschrecken, wenn der Reiter beim Aufsteigen plötzlich über ihm auftaucht.

Vorsicht ! Die Bewegung mit dem Zauberstab über den Kopf deines Pferdes solltest du wirklich ruhig ausführen. Also nicht wie wild damit über dem Kopf herumfuchteln! Sonst kann dein Pferd leicht erschrecken.

Mit dem „Delphin" am Widerrist hält Talia ihr Pferd auf Abstand.

„Und wie halte ich an?" fragt Shanti, die aufmerksam jede meiner Bewegungen verfolgt.

„Zum Anhalten gehst du zu einer Führposition über, die ich **Die Anmut des Geparden** genannt habe. Dazu stehst du etwa 1,50 m von deinem Pferd entfernt, und zwar im rechten Winkel zu seinem Kopf. Falls deine vorige Führposition der Delphin war, mußt du nun den Zauberstab aus der rechten in die linke Hand wechseln. Das geht so: Du gibst den Zauberstab über die Führleine hinweg in die linke Hand, die schon das Ende der Führleine hält. Nun gleitet deine rechte Hand am Führseil entlang soweit in Richtung Pferdemaul, daß das Führseil eine Brücke von ca. 60 cm zwischen deinen beiden Händen bildet.

Delphine schnellen durch die Wellen

Auf einen Blick

Was ist das? Eine Führposition, die ich nach „Holey Fin", einer Delphinfreundin, benannt habe. Ich lernte sie während eines Aufenthaltes in Australien kennen und besuchte sie jeden Tag. Während der nächsten zwei Jahre dachte ich oft an sie. Als ich wiederkam, schwamm sie auf mich zu und berührte mit ihrer Nase zart meine Wange. Das hatte sie noch nie getan! Ich bin ganz sicher, daß sie mich wiedererkannte! Bei dieser Führposition springt die Spitze deines Zauberstabes wie ein Delphin über den Pferdekörper.

Wozu: Als Vorbereitung zum Longieren und für Pferde, die immer zu dir herdrängen und ihren Abstand nicht halten. Für Pferde, die Angst vor Berührung haben oder kopfscheu sind.

Wirkung: Das Pferd lernt, sich im gewünschten Abstand zur Führperson zu bewegen und im Gleichgewicht zu gehen. Es verliert die Angst vor Berührungen mit dem Zauberstab.

Vorsicht ! Die Berührung des Pferdes mit dem Zauberstab muß sehr gezielt erfolgen. Besonders im Bereich von Kopf und Hals darf das Pferd nur wie mit einem weichen Pinsel angetippt werden, damit es nicht erschrickt oder Angst bekommt.

So greifst du vom Delphin ...

in die „Anmut des Geparden" um.

Zum Antreten gibt es zwei Übungen:
A) Du zeigst deinem Pferd mit der Spitze des Zauberstabes den Weg, in-

Die Anmut des Geparden

Was ist das?

Eine Führposition, die nach den Geparden benannt ist. Ihr langer Schwanz erinnert mich an den Gebrauch des Zauberstabs. Außerdem denke ich dabei an zwei junge Geparden, mit denen ich einmal gearbeitet habe. Sie waren früh von ihrer Mutter getrennt worden, um sich besser an Menschen zu gewöhnen, aber das Gegenteil war der Fall. Nachdem ich vier Mal mit ihnen gearbeitet hatte, wurden sie ganz zutraulich und ließen sich sogar von mir führen.

Wozu:

So kannst du deinem Pferd mehr Bewegungsraum lassen, um sich nach unten zu strecken und selbst auszubalancieren, zum Beispiel beim Gehen über Bodenstangen.

Wirkung:

Das Pferd lernt, auf deine Signale zu reagieren, auch wenn du nicht ganz nah bei ihm bist.
Unsichere Pferde, die einen Menschen gern dicht bei sich haben, lernen so mehr Eigenständigkeit. Das stärkt ihr Selbstvertrauen.

Vorsicht !

Achte darauf, beim Anhalten seitlich vor deinem Pferd zu stehen, damit es lernt, durch das Antippen der Brust stehenzubleiben. In dieser Position solltest du die Kette nicht einsetzen, sonst ziehst du dein Pferd zu leicht zu dir herum.

---

tionen „Delphine schnellen durch die Wellen" und „Die Anmut des Geparden" aus. Einmal noch versucht Aeron zu ihr hinzudrängen, aber ein schnelles Antippen hinter den Ohren stoppt ihn. Ich sehe Shanti die Erleichterung an: Es ist ihr gelungen, sich mit sanften Mitteln bei ihrem Pferd durchzusetzen!

Ich beobachte Mandy, die mit der Ungarnstute Xanidu arbeitet. Immer wieder nimmt das Pferd den Kopf hoch und möchte schneller werden. Mandy kann es nur mit Mühe halten. Ich hole eine Lamaleine und einen Zauberstab. Damit komme ich Mandy zu Hilfe.

Lindas Tip

Pferde, die beim Führen drängeln

Es gibt Pferde, die beim Führen ständig zu dir hindrängeln. Das ist nicht nur unangenehm, sondern kann sogar gefährlich werden. Springen sie zur Seite, hast du nicht genügend Platz, um auszuweichen. Wie hältst du nun dein Pferd auf Abstand?
* Du kannst die Führkette mit Daumen und Zeigefinger etwa 5 cm vom Halfter entfernt fassen und den Kopf deines Pferdes so zur Seite schieben.
* Oder du kannst den Zauberstab in der Mitte fassen und ihn mit dem dicken Ende nach oben wie einen Scheibenwischer zwischen dir und deinem Pferd langsam hin- und herbewegen. Ich nenne diese Übung „Das Pfauenrad", weil ich es mir wie das Rad eines Pfauen vorstelle. So setzt du eine klare Grenze, die dein Pferd bald respektieren wird.

---

dem du wie mit einem Pinsel zwischen den Nüstern über die Nase streichst und dann den Zauberstab mit einer gleitenden Bewegung nach vorne ziehst. Gleichzeitig zupfst du an der Kette nach vorne, sagst: „ Und Scheeeeritt" und gehst los. So folgt dir das Pferd ganz natürlich.
B) Du tippst das Pferd mit einer kreisförmigen Bewegung an der Brust an und ziehst dann den Zauberstab mit einer gleitenden Bewegung nach vorne. So geht das Pferd im Gleichgewicht nach vorne.
Zum Anhalten verwendest du am besten aus dieser Position heraus nur

Stimme und Zauberstab als Signale zum Anhalten. Du führst dazu den Zauberstab mit einer weichen Bewegung des Handgelenkes im Abstand von mindestens 70 cm vor dem Kopf deines Pferdes ein- oder zweimal auf und ab. Bleib mit dem Zauberstab etwa auf der Höhe des Maules, nicht höher. Nun tippst du das Pferd, verbunden mit deinem Stimmkommando, zweimal auf die Brust. Wenn es angehalten hat, streichst du mit dem Zauberstab als Lob und Bestätigung über die Brust."
Shanti übernimmt ihr Pferd wieder und probiert nun selbst die Führposi-

Die Brieftaube

Was ist das?

Bei dieser Übung wird dein Pferd von zwei Personen geführt. Sie stehen seitwärts wie die ausgebreiteten Flügel einer Taube. Ich stelle mir dabei vor, daß das Pferd in dieser Position so sicher ans Ziel kommt wie eine heimkehrende Brieftaube.

Hilfsmittel:

Ihr braucht bei dieser Übung eine Führkette, eine Lamaleine und zwei Zauberstäbe.

Wozu:

Durch diese Art zu führen lernt dein Pferd, den Fluchtinstinkt zu überwinden. Es kann sich besser konzentrieren, geht mehr im Gleichgewicht und arbeitet williger mit. Das Pferd gewöhnt sich daran, von beiden Seiten geführt zu werden.

Wirkung:

Beide Gehirnhälften werden in dieser Führposition aktiviert. Das Pferd muß gleichzeitig nach rechts und nach links aufmerksam sein. Das verbessert seine Lernfähigkeit, und es bekommt ein vollständigeres Selbstbild.

Vorsicht !

Bei dieser Übung mußt du dich mit deinem Partner wirklich gut verständigen. Es muß klar sein, wer das Pferd übernimmt, falls es plötzlich losstürmt, einen Sprung macht oder steigt. In einer solchen Situation muß einer loslassen, während der andere das Pferd übernimmt.

vorher abzusprechen, wer die aktive Führperson ist, also Richtung und Tempo bestimmt. Sonst will einer nach links, der andere nach rechts, und das Pferd weiß gar nicht mehr, was es machen soll. Wir verabreden, daß ich Mandy folge, und sie sagt mir, was sie vorhat. Diejenige, die bei einer engen Wendung außen geht, muß größere Schritte machen als die innere Führperson oder das Pferd verlangsamen. Die Brieftaube verlangt viel Koordination von Pferd und Mensch. Du kannst dabei üben, zusammenzuarbeiten und aufeinander Rücksicht zu nehmen. Es ist TTEAM-Arbeit im wahrsten Sinn des Wortes!

Bei der Brieftaube kannst du verschiedene Führpositionen benutzen:
* Beide Führpersonen halten den Zauberstab und die Kette wie bei der „Anmut des Geparden". Zum Antreten gibt die aktive Führperson die Signale mit Kette, Stimme und Zauberstab. Dann werden beide Zauberstäbe in einem halben Meter Entfernung auf Nasenhöhe gehalten, damit das Pferd sich auf sie konzentriert. Nun werden die Zauberstäbe nach vorne geführt, um dem Pferd den Weg zu zeigen, den es gehen soll. Beide Führpersonen gehen gleichzeitig vorwärts.
Zum Anhalten kommen die Signale von einer oder von beiden Seiten.
* Falls das Pferd sehr vorwärts-

„Wir nehmen Xanidu einmal in die **Brieftaube**", schlage ich vor. „Dann wird sie lernen, deine feinen Signale zu beachten und sich dadurch zurückzuhalten. Auch später unter dem Sattel wird sie feinen Hilfen gehorsam und verständig folgen."
Die anderen Kinder schauen interessiert zu, wie ich die Lamaleine auf der anderen Seite des Halfters so einschnalle, daß sie sich mit der Führkette auf dem Nasenband kreuzt.
„Du übernimmst die Führung", sage ich zu Mandy.
Beim Führen zu zweit ist es wichtig,

Das Pferd konzentriert sich auf die beiden Zauberstäbe in Nasenhöhe.

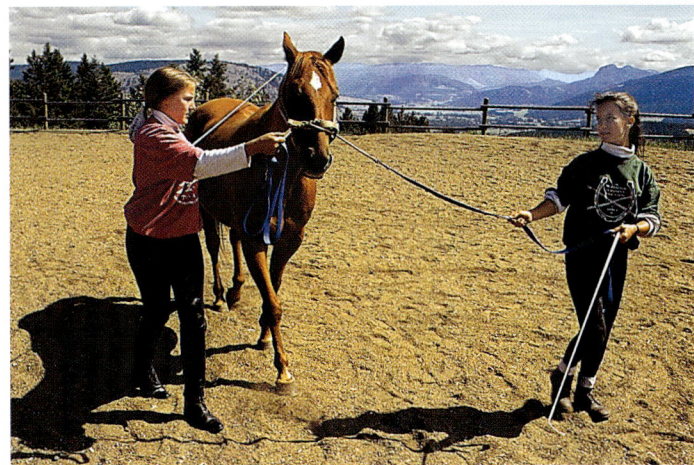

△ Hier sitzt der „Motor" des Pferdes, den du durch kreisförmiges Antippen nach vorn in Gang bringst.

rechts oben: Mandy treibt im „Dingo", während Talia in der „Anmut des Geparden" bleibt.

„Talia, nimm deine Leine bei der ‚Brieftaube' lieber etwas kürzer. Bleibe aber in der ‚Anmut des Geparden'." ▷

drängt, kann die aktive Führperson in die Position des "Eleganten Elefanten" übergehen. So hat sie mehr Kontrolle, bis das Pferd gelernt hat, sich durch das leichte Antippen zurückzuhalten.
* Ein zu langsames Pferd kannst du besser treiben, wenn die aktive Führperson die Dingo-Position einnimmt. Die andere bleibt in der „Anmut des Geparden".

Mandys Stute Xanidu beruhigt sich in der Brieftaube. Sie entspannt sich und folgt interessiert unseren Signalen. Nach einer Weile wechseln wir uns ab. Nun entscheide ich, wohin wir gehen, und Mandy folgt mir. „Das möchten wir auch ausprobieren!" rufen die anderen.
Wir binden einige Pferde mit einem Führstrick, natürlich ohne Kette, am Zaun an und arbeiten paarweise mit den anderen Pferden.

„Das macht richtig Spaß!" ruft Geoff begeistert, als ihm mit Aeron und Talia eine Schlangenlinie geglückt ist.

„Wie sind dir nur die ganzen Namen für die Führpositionen eingefallen?" fragt Allison, als wir am nächsten Tag wieder nach Aspengrove fahren.

„Ich war gerade mit einer Gruppe in Australien", erinnere ich mich. „Wir ritten auf Kamelen durch die Wüste, reisten durch das Land, und natürlich gab ich einige TTEAM-Kurse. Nur hatten die Führpositionen damals noch sehr langweilige Namen. Wir nannten sie Nummer 1-7 und

Shanti verlangsamt das Pferd im „Eleganten Elefanten".

dann noch a-f als Untergliederungen. Es war sehr schwer, sie auseinanderzuhalten und sie sich zu merken. In meinem Kurs war eine Teilnehmerin, die morgens immer Übungen aus dem Tai Chi, dem chinesischen Schattenboxen, machte. Und ihre Bewegungen hatten so schöne Namen wie: ‚Die Sonne begrüßen' oder ‚Den Bogen spannen'. Da kam mir auf einmal der Gedanke, meinen TTouches und Führpositionen Tiernamen zu geben. Der ganze Kurs war von der Idee begeistert. Wir überlegten gemeinsam auf einem vierstündigen Inlandflug quer durch den Kontinent. ‚Bis wir alle Namen gefunden haben, darf niemand aus dem Flugzeug!' rief ich. Alle lachten, aber es spornte doch an, und als das Flugzeug landete, hatten wir alle Namen gefunden!"

„Deshalb sind auch so viele Namen australischer Tiere dabei!" sagt Mandy.

„Ja, und ich denke bei jedem TTouch und jeder Führposition an das betreffende Tier. Die Tiere haben unsere Hilfe so nötig! Ich träume oft, daß sie unsere guten Wünsche spüren. "

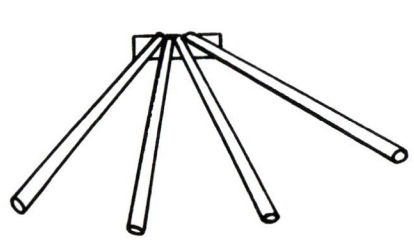

Der Stern

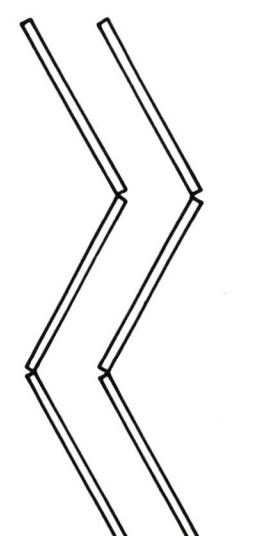

Das Zickzack

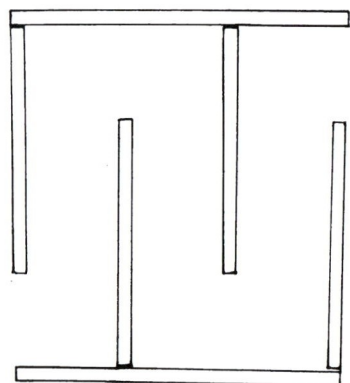

Das Labyrinth

Auf einen Blick

Bodenhindernisse

Was ist das?

Es gibt viele verschiedene Bodenhindernisse, die meist aus Stangen, Tonnen, Strohballen und Plastik gebaut werden. In diesem Buch kommen vor: Der Stern, die Wippe, die Brücke, Reifen, das Labyrinth und das Zickzack.

Wozu:

Um das Pferd zur willigeren Mitarbeit anzuregen. Für alle Pferde zur Verbesserung des Gleichgewichts und der Koordination, besonders für ängstliche und schreckhafte Pferde, zur Ausbildung junger Pferde. Für alle Pferde, die freier gehen, stärker untertreten und sich besser biegen sollen.

Wirkung:

Durch die Bodenhindernisse wird dein Pferd ständig neu gefordert und verbessert seine Lernfähigkeit. Es muß sich überlegen, wo es seine Beine hinsetzt. Dabei lernt es auch, genau auf deine Signale zu hören, dir zu folgen und zu vertrauen.

Vorsicht !

Du mußt schrittweise arbeiten und dein Pferd langsam auf schwierigere Übungen vorbereiten. Auch das Material muß einwandfrei sein: Achte darauf, daß die Bretter einer Wippe nicht morsch sind und bei den Stangen nirgends ein Nagel hervorsteht!

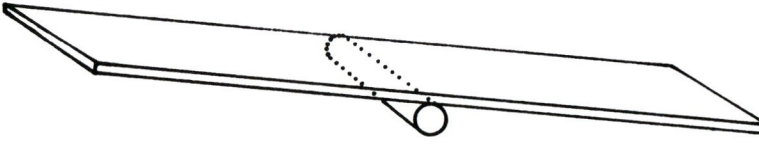

Die Wippe

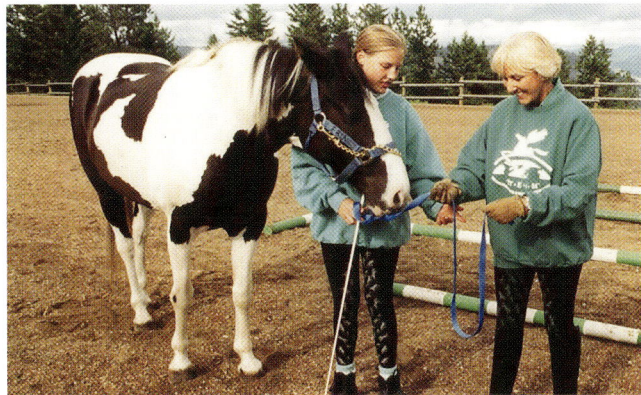

1 „Linda! Meine Führleine ist ganz verdreht! Zeig mir bitte noch einmal, wie du sie beim Eleganten Elefanten zu ‚Hasenohren' faßt!"

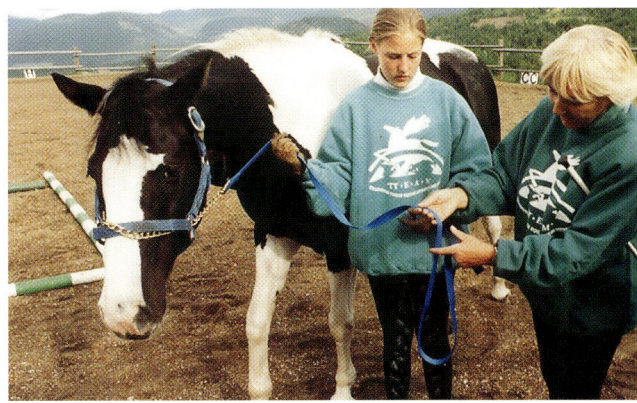

2 „Verlier nicht den Mut! Mit etwas Übung wird es gleich klappen. Ich nehme das Ende der Leine als große Schlaufe in meine linke Hand."

3 „Wenn du die Führleine so zur Schlaufe greifst, kannst du sie dir nicht versehentlich um die Hand wickeln und sie doch jederzeit verlängern."

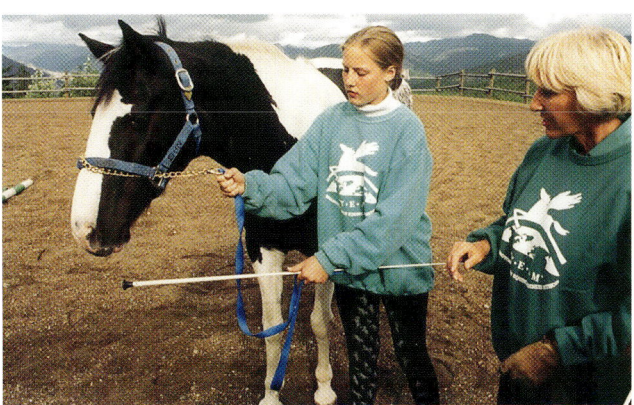

4 „Öffne die rechte Hand etwas mehr, dann kannst du deinem Pferd feine Hilfen aus dem Handgelenk mit der Kette geben!"

5 „Ich halte die Kette zwischen Daumen und Zeigefinger. Meine Hand ist locker und nicht zur Faust geschlossen. So kann ich ganz fein einwirken."

„Was machen wir denn heute?" will Mandy wissen.
„Wir werden mit Bodenhindernissen arbeiten! Dabei können wir alle Führpositionen üben, die wir gestern gelernt haben."
In Aspengrove angekommen, holen wir die Pferde aus ihren Paddocks unterhalb des Reitplatzes, wo sie sich in den Pausen ausruhen und fressen können. Am Abend kommen sie auf die weiter abgelegenen Weiden. Ron hat bereits bunte Stangen und eine Kiste bereitgestellt. Wir wollen in der Bahn aus den Stangen ein Labyrinth und einen Stern legen, der an seiner Innenseite etwas erhöht sein soll. Dafür brauchen wir die Kiste.
„Was können unsere Pferde an diesen Hindernissen lernen?" frage ich.
„Im Labyrinth müssen sie sich biegen", antwortet Mandy.
„Richtig! Außerdem lernen sie, feinen Signalen zu folgen und darauf zu achten, wo sie ihre Hufe hinsetzen. Das Pferd kommt ins Gleichgewicht und koordiniert seine Bewegungen. Dabei folgt es der Führperson Schritt für Schritt. Auch für euch gibt es im Labyrinth einiges zu lernen: Ihr könnt von einer Führposition zur anderen wechseln und gebt dem Pferd sehr feine und klare Signale."
„Und der Stern?" fragt Claire.
„Beim Stern lernt das Pferd ebenfalls, sich zu biegen. Gleichzeitig muß es aber die Beine unterschiedlich hoch

1 In der Führposition „Die Anmut des Geparden" hält Mandy „Esprit" vor der Stange an. So kann die Scheckstute sich das Hindernis erst anschauen.

2 „Uuund Scheeeritt!" Esprit folgt Mandy willig quer über die Stangen des Labyrinths. Aufmerksam hebt sie die Beine, damit sie nirgends anstößt.

3 „Moment mal! Du hältst den Zauberstab etwas zu hoch. Eine kleine Bewegung aus dem Handgelenk genügt schon als Signal zum Anhalten."

4 „So ist es schön, Mandy! Esprit versteht deine Hilfen und hält gehorsam an. Du stehst sehr gut im rechten Winkel zu ihr auf Kopfhöhe."

5 „Geschafft! Das habt ihr gut gemacht! Achte darauf, daß dein Pferd zum Schluß nicht zu eng und zu eilig über die Stangen tritt, sondern gleichmäßig vorwärtsgeht."

anheben. An der Innenseite des Sterns liegen die Stangen höher als an der Außenseite. Es ist eine sehr gute Übung für Pferde, die leicht stolpern. Sie werden trittsicherer, ihre Gänge schwungvoller, der Rücken wird elastischer und die Schultern bewegen sich freier."

Das Labyrinth

„Wie sollen wir denn das Labyrinth genau auslegen?" möchte Geoff wissen.
„Dazu brauchen wir sechs Stangen, die etwa dreieinhalb Meter lang sein müssen."

„Und wie weit sollen sie auseinander liegen?" fragt Talia, die bereits die erste Stange holt.
„Das kommt auf die Größe deines Pferdes an! Für ein großes Pferd oder ein Pferd, das sich noch nicht gut biegen kann oder nicht gut im Gleichgewicht geht, lege ich die Stangen weiter auseinander. Wenn du mit einem kleinen, wendigen Pferd arbeitest, kannst du die Stangen näher zusammenlegen. Dadurch werden die Kurven enger, dein Pferd muß sich stärker biegen. Am Anfang könnt ihr die Stangen etwa 1,20 Meter auseinanderlegen. Macht es euch leicht und nehmt sechs Stangen. Wenn das Pferd daran gelernt hat, das Labyrinth ohne Schwierigkeiten zu meistern, könnt ihr weitere Stangen dazunehmen und sie etwas näher

zusammenlegen. Dadurch wird das Labyrinth länger, ihr müßt um mehrere Kurven gehen."

Alle helfen, die Stangen, die Ron bereitgelegt hat, herbeizutragen, um das Labyrinth aufzubauen. Sogar der kleine Amadeus trägt mit Shanti ein Rundholz.

„Halt!" rufe ich plötzlich. „Diese Stange könnt ihr nicht nehmen!"

„Aber sie ist doch genauso lang wie die anderen!" ruft Shanti.

„Das ist sie, aber schaut einmal her. Hier an der Seite stecken gleich zwei rostige Nägel. Daran kann sich ein Pferd schlimm verletzen."

„O je, das hatte ich gar nicht bemerkt", meint Shanti betroffen. „Die Nägel sind auch leicht zu übersehen", gebe ich zu, „aber gerade deshalb ist es so wichtig, daß ihr alle Stangen sorgfältig anschaut, ehe ihr sie als Bodenhindernisse verwendet!" Shanti tauscht die Stange aus. Bald ist alles fertig, und wir holen die Pferde.

Allison führt den Fuchswallach Cody durch das Labyrinth. Sie beginnt in der Führposition „Eleganter Elefant". Aber schon in der ersten Ecke wird es schwierig: Cody ist zwar mit den Vorderbeinen nach links herumgetreten, aber nun scheint er nicht zu wissen, wie er um die Kurve kommen soll, und bleibt einfach stehen.

„Geh in den Dingo", rate ich Allison. „So kannst du ihm zeigen, daß er mit der Hinterhand untertreten muß, um die Kurve zu meistern. Die Hinterhand ist der Motor des Pferdes, und den bringst du so in Gang. Das ist auch beim Reiten wichtig. Wenn dein Pferd unter dem Sattel in einer Wendung auseinanderfällt, muß es besser untertreten – und das kann es schon im Labyrinth lernen."

Allison wechselt also zum Dingo, und Cody tritt an und kann sich biegen. In der nächsten Kurve muß er sich allerdings nach rechts biegen. Da kann Allison wieder in den „Eleganten Elefanten" überwechseln, um ihm den Weg zu zeigen.

1 Shanti führt die Schimmelstute Silver im „Eleganten Elefanten" mit der Lamaleine durch das Labyrinth.

2 In der Rechtskurve bleibt Shanti sehr schön auf Kopfhöhe ihres Pferdes und weist Silver mit dem Zauberstab den Weg in die Biegung.

3 Schon ist die Kurve gemeistert. Shanti und Silver sind beide konzentriert und arbeiten gut zusammen!

4 Mit einem leichten Klopfen auf die Brust hält Shanti die Stute noch einmal an und lobt sie.

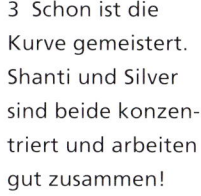

Die Arbeit im Stern erleichtern

Falls dein Pferd Schwierigkeiten hat, über die höheren Stangen innen im Stern zu gehen und immer wieder mit den Hufen anschlägt, kannst du es ihm leichter machen:

✳ Lege die Stangen weiter auseinander und führ dein Pferd möglichst weit außen im Stern. Dort sind die Stangen niedriger, und dein Pferd muß sich nicht so stark biegen.

✳ Halte dein Pferd außerhalb des Sterns an und klopfe auf jeden Huf ca. 30 Sekunden mit dem Knauf des Zauberstabs, um dem Pferd seine Hufe bewußter zu machen.

Wenn ihr diesen Schritt gemeinsam gemeistert habt, könnt ihr wieder weiter nach innen gehen.

Der Stern

„Linda!" Geoff ruft mich zum Stern. „Wir stecken fest!"

Geoff hat sein Pferd sehr nahe zur Mitte hin geführt. Drummerboy ist es nicht gewohnt, die Beine gleich so hoch zu heben.

„Fang weiter außen an oder lege die Stangen einfach auf den Boden", schlage ich vor. „Es ist wichtig, dein Pferd nicht zu bestrafen, wenn ihm etwas zu schwierig ist. Mach lieber die Aufgabe etwas leichter, dann

1 Im „Eleganten Elefanten" fordert Claire ihren Fuchswallach zum Mitkommen auf.

bleibt euch beiden der Spaß erhalten." Diese Einstellung ist ein wichtiges Prinzip der TTEAM-Arbeit. In englisch nennen wir es „Chunking". Das heißt, man zerlegt gestellte Aufgaben in kleine Teilstücke, die leichter zu lernen sind. Wenn dein Pferd also zum Beispiel mit dem Stern Schwierigkeiten hat, kannst du es zunächst nur über ein paar Stangen am Boden gehen lassen. Erst wenn es das gut kann, legst du die Stangen so, daß die Enden auf einer Seite zusammenkommen und auf der anderen gefächert auseinander liegen. Dadurch werden die Abstände zwischen den einzelnen Stangen ungleich, dein Pferd muß zum Beispiel auf der linken Seite größere Schritte machen, als auf der rechten. Erst wenn dein Pferd auch diesen Lernschritt gemeistert hat, legst du die Stangen auf die Kiste in der Mitte. So wird dein Pferd nicht überfordert und bekommt mehr Selbstvertrauen, weil du ihm Aufgaben stellst, die es bewältigen kann. Natürlich ist es wichtig, nach jedem Erfolg dein Pferd auch zu loben. Es soll wissen, daß es seine Aufgabe gut gemacht hat, und du mit ihm zufrieden bist. Sei aber auch freundlich und verständnisvoll, wenn es einmal einen Fehler macht. Ermutige es und suche einen Weg, wie ihr gemeinsam aus dem Fehler etwas lernen könnt.

Geoff führt Drummerboy ein paarmal über das niedriger liegende Ende der Stangen. Als er später noch

2 „Claire, gehe besser noch einen Schritt mehr vor deinem Pferd."

einmal über die erhöhten Teile geht, klappt es ohne Schwierigkeiten.

„Sehr gut! Drummerboy hat etwas gelernt. Vergiß nicht, ihn zu loben!" Nach einer Weile schnallen wir die Führketten am Halfter um und führen von der anderen Seite.

„Das ist ungewohnt", meint Shanti. „Es kommt mir vor, als hätte ich noch nie ein Pferd geführt!"

„Deshalb ist diese Übung für Pferd und Führperson so wichtig! Ihr schult euren Körper und müßt das Gelernte von der linken auf die rechte Seite übertragen. Das aktiviert beide Gehirnhälften und verbessert euer Lernvermögen – nicht nur auf dem Reitplatz!"

Reiten wie die Indianer

Reiten ohne Sattel ist für mich das natürlichste der Welt. Ohne Sattel bist du ganz nah am Pferd, direkter kannst du es nicht spüren. Jede Bewegung, ja jedes Zucken des Fells kannst du so wahrnehmen. Die großen Muskeln arbeiten unter dir, du spürst die Wärme des Pferdes, seinen Atem.

Auf unserer Farm in Kanada bin ich als Kind sehr viel ohne Sattel geritten. Oft hieß es: „Linda, hol doch schnell die Pferde von der Weide!" Dann lief ich los, schwang mich auf den Rücken eines Pferdes und ritt den anderen voran – oft nur mit einem Halfter oder einem Strick um den Hals des Pferdes. Das Aufsteigen war dabei meist die größte Schwierigkeit. Manchmal gelang es mir, vom Zaun aus aufzusteigen. Aber oft lief mein Pferd in dem Moment den anderen nach, als ich vom Boden aus Schwung holte, um aufzusteigen. Das klingt schwieriger, als es ist, weil man dabei mehr Schwung hat als im Stehen. Ich hatte jedenfalls Spaß daran und fühlte mich fast wie einer der tollkühnen Kosaken, von denen mir mein Großvater oft erzählt hatte. Bald saß ich so sicher auf dem blanken Pferderücken, daß ich nicht nur traben und galoppieren konnte, sondern mich an die ersten Sprünge wagte. Es macht riesigen Spaß, ohne Sattel zu springen! Und durch nichts lernst du besser und sicherer sitzen! Du übst dabei, dein Gleichgewicht zu halten und bekommst ein gutes Gefühl für die rhythmischen Bewegungen deines Pferdes.

Wie bequem es ist, ohne Sattel zu traben, kommt auf den Rücken deines Pferdes, auf seine Gänge und auf deinen Sitz an. Pferde mit hartem Trab werfen natürlich mehr, Pferde mit weichem Trab weniger. Je schneller du trabst, desto schwieriger ist es,

den Trab auszusitzen. Der gemütliche, langsame Trab („Jog") eines Westernpferdes schaukelt dich sanft, der verstärkte Trab eines Dressurpferdes wirft viel mehr!

Zum Aussitzen ohne Sattel reite ich am liebsten und bequemsten wie ein Indianer. Die Indianer lernten das Pferd durch die Spanier kennen. Als sie den ersten Reitern begegneten, glaubten sie, ein sechsbeiniges Wesen vor sich zu haben. Sie sahen Pferd und Reiter von vornherein als eine Einheit an – vielleicht hat diese Einstellung dazu beigetragen, daß sich viele Indianerstämme innerhalb

kürzester Zeit zu richtigen Reitervölkern entwickelten. Es gelang ihnen, Pferde einzufangen, aber sie hatten weder Sattel noch Zaumzeug. So lernten sie, ohne Sattel zu reiten. Im Trab rollten sie ihr Becken leicht nach hinten. Die Beine kommen dabei etwas weiter nach vorne, die Füße hängen entspannt nach unten. So wird der Reiter im ausgesessenen Trab am wenigsten geworfen. Probier es einmal aus.

Es gibt noch eine andere Übung zum Traben ohne Sattel: Du bewegst deine Sitzbeinknochen im Rhythmus der Hinterbeine auf und ab. So kannst du mit der Rückenbewegung des Pferdes weich mitgehen. Aber wir fangen nicht gleich mit dem Traben an. Erst möchte ich den Kin-

---

Auf einen Blick

Reiten ohne Sattel

Was ist das?   Reiten auf dem blanken Pferderücken.

Wozu: Um Koordination und Gleichgewicht der Reiterin zu verbessern; um einen direkteren Kontakt zum Pferd und die Bewegungen des Pferdes besser zu spüren; um sicherer sitzen zu lernen.

Wirkung: Weil es keinen Sattel und Steigbügel gibt, die Halt geben, muß die Reiterin um so besser im Gleichgewicht sitzen und den Bewegungen des Pferdes geschmeidig folgen. Ihre Bewegungen müssen mit denen des Pferdes übereinstimmen und sich ständig angleichen. Dadurch nimmt das Reaktionsvermögen zu. Besonders Übungen mit geschlossenen Augen auf dem ungesattelten Pferd schulen das Körpergefühl.

Vorsicht !   Reiten ohne Sattel will gelernt sein! Laß dich am Anfang in der Bahn führen, bis du wirklich sicher bist. Selbstverständlich mußt du auch ohne Sattel pferdeschonend und kontrolliert reiten. Wem der Halt durch den Sattel fehlt, der darf sich auf keinen Fall am Zügel festhalten oder mit den Beinen festklammern.

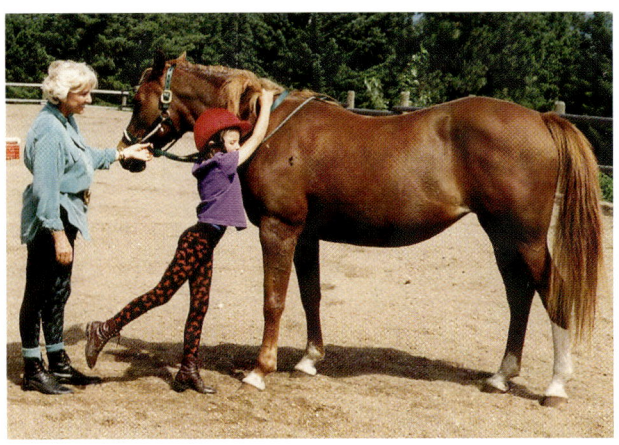

Aufsitzen ohne Sattel:
Shanti greift mit beiden Händen in die Mähne und holt mit dem rechten Bein Schwung nach vorn ...

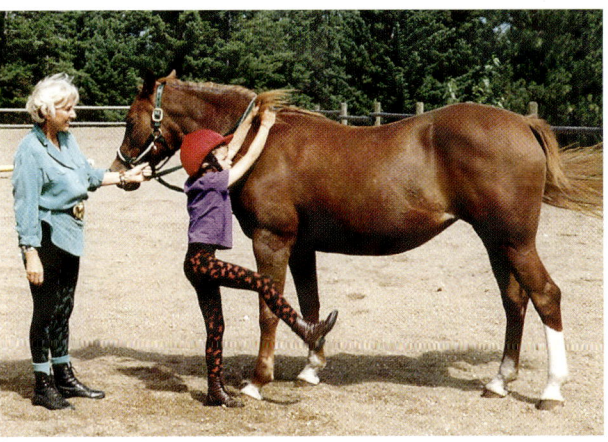

... und nach hinten. Ein gut erzogenes Pferd bleibt dabei ruhig stehen. Zur Sicherheit sollte ein Helfer dein Pferd halten.

Und jetzt mit Schwung hinauf, aber ohne dem Pferd mit den Schuhen in den Rücken zu treten. Shanti springt hier geschmeidig wie eine Katze auf Cody.

Geschafft! Laß dich nicht entmutigen, wenn es nicht sofort klappt. Vielleicht ist das Pferd nur zu groß für dich. Dann laß dir helfen oder such dir eine sichere Aufstiegshilfe.

dern Gelegenheit geben, die Pferde wirklich zu spüren und verschiedene Gleichgewichtsübungen zu machen. Wir haben auch ein neues Bodenhindernis aufgebaut: das Zickzack. Beim Zickzack sind die Kurven nicht so eng wie im Labyrinth, aber die Pferde müssen sich auch biegen.

Die Schulung des Gleichgewichts

„Wer möchte als erste die Gleichgewichtsübungen ausprobieren?". Shanti meldet sich sofort begeistert. Gekonnt springt sie wie eine kleine Katze auf den Pferderücken.
„Sind solche Übungen nicht nur etwas für Anfänger?" fragt Geoff.
„Oh nein! Ich weiß ja, daß ihr alle fortgeschrittene Reiter seid. Shanti ist sogar erfolgreich auf Springturnieren. Wie findest du die Übungen?" gebe ich die Frage an sie weiter.
„Schön! Wenn ich sonst reite, muß ich mich immer darum kümmern, wohin mein Pferd geht und mich ganz auf die Reitstunde konzentrieren. Ich finde es toll, mal geführt zu werden und nur zu spüren."
Ich kann Shanti gut verstehen. Oft geht unsere Aufmerksamkeit beim Reiten nach außen. Wir müssen auf Abstände und andere Pferde achten, Sprünge richtig anreiten und unsere Umwelt im Auge behalten. Bei diesen Übungen aber kannst du Vertrauen zu deinem Pferd gewinnen. Du kannst die Augen schließen und deine Aufmerksamkeit ganz nach innen lenken. Wie atmest du? Wie spürst du die Bewegungen des Pferdes? Sitzt du sicher oder verlierst du schnell dein Gleichgewicht? Wie weich kannst du den Bewegungen deines Pferdes folgen?
Shanti ist ganz bei der Sache, und ich führe sie als nächstes durch das Zickzack. Man sieht ihr richtig an, wie sehr sie den Kontakt mit Aeron genießt. Jetzt wollen natürlich alle aufs Pferd und die Übungen machen.

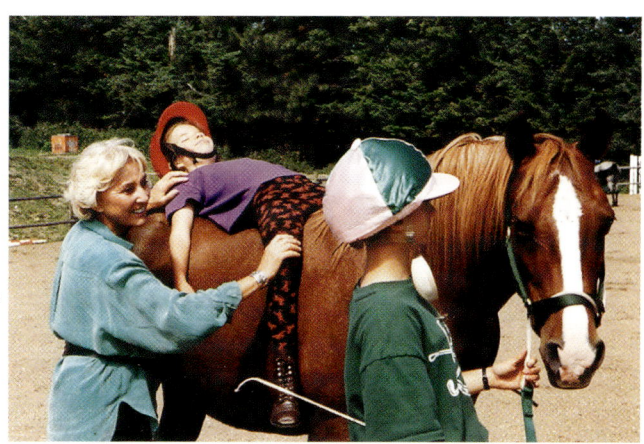

◁ 1 Shanti schließt die Augen und konzentriert sich ganz auf die Bewegung.

2 Ich stütze Shanti, damit sie sich beim Hinlegen sicher fühlt. ▷

3 Im Schritt liegt sie entspannt auf dem Pferdehals. ▽

△ 4 Mit geschlossenen Augen auf Aeron durch das Zickzack.

◁ 5 Auch rücklings sitzend findet Shanti ihr Gleichgewicht.

6 „Auf Aerons Kruppe kannst du es dir bequem machen." ▷

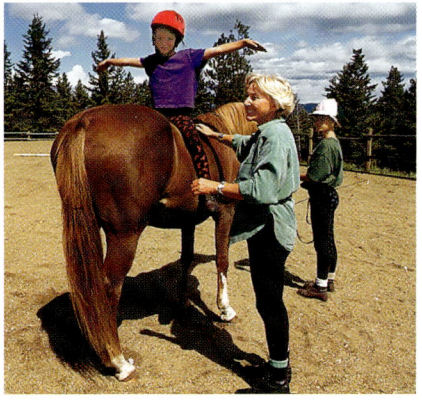

◁ 7 „Die Arme zur Seite! Das geht doch wunderbar!"

8 Rücklings im Schritt greift Shanti hinter sich in die Mähne und hält sich daran fest. ▷

9 „Jetzt im Seitensitz. Kannst du dir vorstellen, wie es wäre, im Damensattel zu reiten?"

10 Seitwärts im Schritt: Immer geht es darum, sich auszubalancieren und mit der Bewegung mitzugehen.

11 Shanti in der „Fahne", einer Figur, die es auch beim Voltigieren gibt.

Lindas Tip

Aufsitzen ohne Sattel

Es ist nicht jedermanns Sache, sich nach Indianerart wie Shanti (s. Seite 60) aufs Pferd zu schwingen – und das mag auch nicht jedes Pferd. Wenn der Größenunterschied zwischen dir und deinem Pferd geringer ist, kannst du es wie Mandy hier auf dem Foto versuchen: Sie springt von der Seite hoch, lehnt sich über den Rücken, stützt sich mit beiden Händen auf, schwingt dann das rechte Bein und kommt zum Sitzen. Du kannst es dir aber noch leichter machen, wenn dir ein Helfer dein Bein zum Aufsteigen hält. In England zum Beispiel sind stabile Treppchen zum Aufsteigen sehr verbreitet, und niemand geniert sich deswegen. Mach es dir und deinem Pferd nicht unnötig schwer!

Die Pferde tragen Halfter mit Führkette und einen Zügel, der am Halfter eingeschnallt ist, damit die Reiterinnen von oben die Möglichkeit haben, auf das Pferd einzuwirken. Dazu kommt noch ein Halsring oder ein Balancezügel. Die Pferde sollen sich schon an den Halsring gewöhnen, denn keines in Aspengrove wurde je damit geritten. Auch den Balancezügel kennen sie noch nicht. Die Kinder führen sich gegenseitig und wechseln sich mit dem Reiten ab. Die Führperson muß natürlich aufpassen und das Pferd sofort anhalten, falls die Reiterin ins Rutschen kommen sollte. Nun zeigt sich auch, wie wichtig es ist, Pferde sicher zu führen. Mit nervösen Pferden, die sich vom Boden aus nicht kontrollieren lassen, sind solche Gleichgewichtsübungen viel zu gefährlich. Wenn du sie ausprobierst, ist es wichtig, daß dein Pferd ruhig ist und du auf einem sicher eingezäunten Reitplatz bist.

Anfangs werden die Übungen auf dem stehenden Pferd ausgeführt, bis du sie gut kannst. Erst dann kommt die Bewegung dazu.

Auch die Pferde lernen dabei. Sie gehen nicht nur über die Bodenhindernisse, sondern balancieren noch dazu das Reitergewicht aus! Ihr könnt alle Bodenhindernisse nutzen: das Labyrinth, den Stern und das Zickzack. So bleibt die Arbeit für die Pferde abwechslungsreich.

Bei den Gleichgewichtsübungen im Schritt ohne Sattel führen die Kinder sich gegenseitig.   ▷

Nachdem alle diese Gleichgewichtsübungen gemacht haben, zäumen wir die Pferde auf. Nun reiten die Kinder selbständig, ohne Führperson. Es ist schön zu sehen, wie losgelassen und sicher sie auf dem Pferd sitzen. Dabei reiten manche das erste Mal ohne Sattel!

Wir beginnen mit der Arbeit über Stangen. Das fördert Takt und Rhythmus der Pferde. Nach ein paar Versuchen im Schritt traben die ersten Reiterinnen über die Stangen. „Eine Hand in die Mähne!" rufe ich. „Dann ist es leichter, das Gleichgewicht zu halten."

Traben ohne Seitenstechen

„Linda, ich bekomme Seitenstechen!" sagt Allison und nimmt ihr Pferd in den Schritt zurück.

Wer kennt das nicht: Die stechenden Schmerzen in der Seite, meist bei längerem Aussitzen, ob mit oder ohne Sattel. Ich glaube, daß diese Schmerzen von Verspannungen und angehaltenem Atem kommen. Um das zu vermeiden, schlage ich Allison eine Übung vor, die nur beim Reiten ohne Sattel geht: „Probier einmal, dich im Trab absichtlich zu verspannen. Du rollst dein Becken nach hinten, läßt die Füße etwas nach vorn kommen und spannst den Po so fest an, wie du nur kannst."

„Das ist ja fürchterlich!" Allison hat es gleich ausprobiert. „Ich hüpfe ja wie ein Gummiball."

„Und jetzt versuchst du das Gegenteil. Setz dich bewußt entspannt und locker hin. Nun kannst du die Pomuskeln abwechselnd mal lockerlassen und mal festmachen."

Allison macht diese Übungen, aber es sieht so aus, als ob sie noch immer die Luft anhält. Ich möchte sie zum Mitatmen bringen und rufe ihr zu: „Jetzt zähl laut die Tritte der Vorderbeine mit!"

Am Anfang bekommt Allison kaum einen Ton heraus. Aber je mehr sie sich auch im Trab entspannt, desto lauter wird ihre Stimme. „Na, hast du noch Seitenstechen?"

Allison schüttelt im Vorbeireiten den Kopf und zählt fleißig immer weiter. Wenn du mit dieser Übung gelernt hast, entspannt zu sitzen und gut zu atmen, wird dir das Aussitzen mit Sattel auch leichter fallen!

Beim Reiten ohne Sattel mußt du gut im Gleichgewicht sitzen und darauf achten, nicht mit den Unterschenkeln zu klammern. Anstatt den Oberschenkel anzulegen, klammern viele Reiter unbewußt mit dem Unterschenkel. Dadurch wird das Pferd immer schneller!

Das Bein darf beim Reiten ohne Sattel locker herunterhängen, aber es ist wichtig, das Schließen des Oberschenkels zu üben. Dabei bringst du dein Knie etwas weiter nach oben, und dein Po rutscht ein paar Zentimeter nach hinten. Dadurch verkleinert sich der Winkel zwischen Becken, Knie- und Fußgelenk. Die Ferse wird etwas tiefer als die Fußspitze gehalten.

Falls du mehr Sicherheit und Stabilität brauchst, zum Beispiel beim Traben über Stangen, kannst du dann den Oberschenkel schließen. So sitzt du ohne Sattel sicher.

1 „So tief brauchst du den Absatz nicht zu nehmen. Spür mal, wie du in dieser Fußhaltung die Wadenmuskeln anstrengst und dein Knöchel dabei unbeweglich und steif wird."

2 „Bring die Ferse höher, damit dein Fuß gerade ist. Achte auch auf deine Handhaltung. Eine gerade Linie vom Ellenbogen über das Handgelenk zum Pferdemaul ist am günstigsten."

3 „So sitzt du ohne Sattel sicher: Das Knie kommt etwas höher, damit dein Oberschenkel gut anliegt. Es soll gerade nach vorne gerichtet sein. So kannst du das Pferd auch gut wenden."

Reiten ohne Sattel durch das Zickzack fördert das Gleichgewicht von Pferd und Reiterin. Shanti reitet Aeron mit Halfter und übt feine Hilfengebung mit Unterschenkel und Hand.

Die Kinder reiten mit Trense und einem Halsring. Das ist eine Vorbereitung für die Kunst des Reitens nur mit Halsring. Damit biegen sich die Pferde besser und arbeiten freudig mit.

Beim Traben über Stangen lernt die Reiterin, sicher und zügelunabhängig zu sitzen. Talia gibt Drummerboy den Kopf frei, er geht vertrauensvoll gerade über die Stangen. Talia sollte ihr Knie etwas weiter nach oben bringen, um mehr Kontakt mit dem Oberschenkel zu haben und sicherer zu sitzen.

Reiten durch das Zickzack

Beim Reiten durch das Zickzack setzt Mandy den Halsring ein. Nachdem die Pferde das Zickzack kennen, legen auch die anderen Kinder die Trensenzügel auf den Hals und lenken die Pferde mit dem Halsring durch die Kurven. Dabei werden die Pferde über den Hals gelenkt. Wenn das Pferd sich nach links biegen soll, liegt der Halsring an der rechten Halsseite an. Der Halsring liegt etwa auf halber Höhe zwischen Brust und Kopf am Pferdehals. Wenn das Pferd nicht auf die Signale reagiert, auch näher zum Kopf. Es ist immer wieder erstaunlich, wie schnell Pferde die Signale mit dem Halsring verstehen und zu erleben, wie wohl sie sich damit fühlen. Sie sind vergleichbar mit der Zügelführung beim Westernreiten. „Neck reining" heißt sie auf englisch. Der einhändig geführte Zügel wird dabei an den Hals gelegt, um das Pferd zu biegen. Selbstverständlich wird auch hier nicht nur mit dem Zügel geritten. Gewichtshilfen und Schenkelhilfen gibt es auch beim Westernreiten, sie sind sogar wichtiger als der Zügel. Denn oft brauchen Cowboys bei ihrer Arbeit beide Hände frei, zum Beispiel, um ein Kalb einzufangen. Dann können sie ihr Pferd nur mit Gewicht und Schenkeln reiten!

Lindas Tip

Reiten mit Lindel

Ein gutausgebildetes Pferd läßt sich sogar mit einem Stallhalfter durch das Labyrinth reiten. Um etwas mehr Einwirkung zu haben, kannst du es aber auch mit einem Lindel versuchen: Das ist eine gebißlose Zäumung mit einem versteiften Nasenband, die das Pferdemaul schont. Probier es einmal aus, die meisten Pferde mögen es sehr!
Es ist eine gute Abwechslung zum Reiten mit Gebiß. Das Pferd kann sich entspannen und besser strecken.

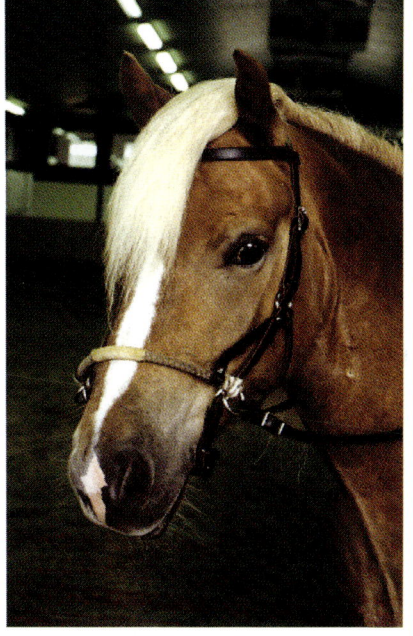

Besuch auf dem Fohlenhof

Übungen zur Zügelführung

Es gibt verschiedene Möglichkeiten, mit einer Trense zu reiten. Manche Reitweisen verlangen einen ständigen Kontakt zum Pferdemaul, andere den lockeren Zügel, aber wichtig ist immer, mit weicher Hand zu leiten. „Wie kann ich das lernen?" fragt Claire.
„Am besten, indem du dich in die Situation des Pferdes hineinversetzt."
„Wir sollen dabei doch nicht etwa ein Gebiß in den Mund nehmen?" ruft Talia.
„Nicht ganz! Ihr sollt euch zwar gegenseitig auftrensen, aber das Gebiß nehmt ihr in die Hand. Ihr bewegt es leicht hin und her, etwa so, wie die Trense vom Pferdekopf bewegt wird. Eure ‚Reiterin' folgt dieser Bewegung weich mit den Zügelhänden."
Zuerst sitzt die „Reiterin" dem „Pferd" gegenüber und macht verschiedene Übungen mit den Händen.
„Probiert einmal aus, wie es sich anfühlt, wenn ihr mit geschlossenen Fäusten reitet", schlage ich vor.
„Das ist ja schrecklich!" Die „Pferde" beklagen sich sofort. „Die Hand ist ganz hart und folgt meinen Bewegungen nicht mehr! Als Pferd könnte ich so nicht vorwärtsgehen."
Ich stelle mir gerne vor, daß die Reiterhand so geschlossen ist, als ob ich einen kleinen Vogel darin halte. Er soll nicht davonfliegen, aber ich will ihn auch nicht zerdrücken. Eine zur Faust geschlossene Hand ist nicht nur für das Pferd unangenehm. Die Verspannung in den Händen überträgt sich über die Arme und Schultern bis ins Becken und behindert den Atem. Alle Fingergelenke und die Handgelenke sind durch die Anspannung blockiert, weil im Körper alle Gelenke miteinander verbunden sind. Wenn ein Gelenk blockiert ist, beeinträchtigt das die Beweglichkeit aller anderen, und feste Gelenke machen die Reiterin steif.
Hier ist noch eine andere Übung:

Wenn die „Menschenpferde" die Zügelhilfen am eigenen Leib spüren, werden sie später aufmerksamer mit weicher Hand reiten.

Jetzt kann es losgehen! „Pferd" Mandy wartet gespannt auf die Signale.

„Pferd" Claire möchte am liebsten mit hohem Kopf auf und davontraben.

„Beuge die Handgelenke zur Seite, nach oben und unten. Wie spürst du nun die Verbindung zum Maul?"
„Mit abgebogenen Handgelenken geht es nicht so gut", sagt Claire.
„Genau! Am besten geht es mit geraden Handgelenken. Eine gerade Linie vom Ellbogen über das Handgelenk zum Maul ist ideal. So kannst du feine Hilfen geben. Mit verdrehten Gelenken kommen die Signale nicht direkt an, und die Muskeln müssen unnötig arbeiten. Wenn du überprüfen willst, ob du deine Handgelenke gerade hältst, kannst du dir mit Klebeband an jedem Handgelenk einen Holzstiel, zum Beispiel von einem Eis am Stiel, befestigen."

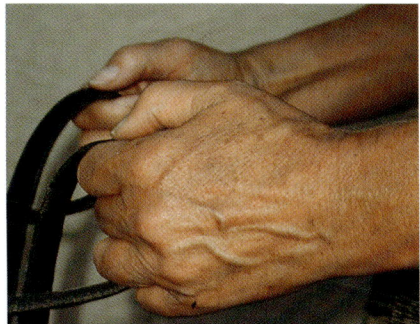

Richtige Zügelführung mit Trense: Gerade Handgelenke, der Daumen als Dach.

So nicht: Handgelenke sind abgebogen, Fäuste geschlossen, Daumen zu flach.

Richtige Zügelführung mit Doppelzügel

Falsche Zügelführung mit Doppelzügel

Als nächstes dürfen die „Pferde" laufen. Dazu nehmen wir die Zügel nach hinten. Die Reiterinnen folgen den „Pferden" und lenken sie nun mit dem Zügel.

„Probiert verschiedene Möglichkeiten aus, eure Pferde anzuhalten!" Die Kinder laufen kreuz und quer über den Platz und üben spielend miteinander.

„Ich hätte nie gedacht, daß man so leichte Hilfen so sehr spürt", sagt Talia nach der Übung. Die anderen stimmen ihr zu. „Wenn ich daran denke, wie fest ich oft den Zügel anpacke!" sagt Geoff betroffen. „Du kannst es in Zukunft anders machen. Ich wünschte mir, alle Reiter und Reiterinnen würden die Wirkung einer Trense mit solchen Übungen erst am eigenen Leib ausprobieren, ehe sie aufs Pferd steigen."

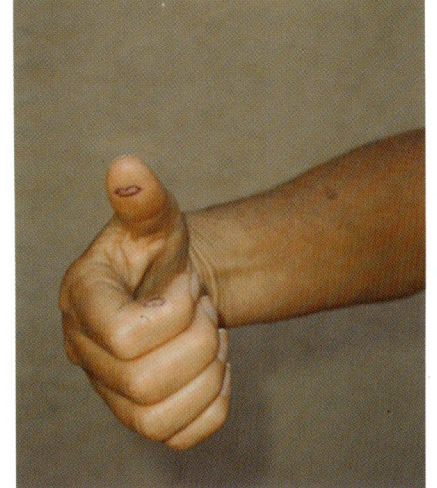

Siehst du die kleinen, gemalten Lippen auf den Fingern?

Hier küssen sie sich: Der Daumen trifft weich auf den Zeigefinger.

Das Auf- und Abtrensen

Ich zeige euch hier zwei Möglichkeiten: Wenn das Pferd den Kopf willig herunternimmt, kannst du es so machen, wie es die Fotos auf dieser Seite zeigen. Wenn das Pferd den Kopf nach oben nimmt, kannst du es so auftrensen, wie es auf Seite 69 gezeigt wird. In jedem Fall ist es wichtig, dem Pferd zuerst die Zügel über den Hals zu legen und dann erst das Halfter abzunehmen. Das Gebiß schiebe ich vorsichtig mit Zeige- und Mittelfinger in das geöffnete Maul. Laß dir beim Auftrensen Zeit und gehe Schritt für Schritt vor.

1 Zuerst nehme ich das Halfter vom Kopf und schnalle es um den Hals.

2 Ich lege den Trensenzügel hinter den Ohren um das Genick.

3 Die rechte Hand hält das Kopfstück, die linke das Gebiß vor das Maul.

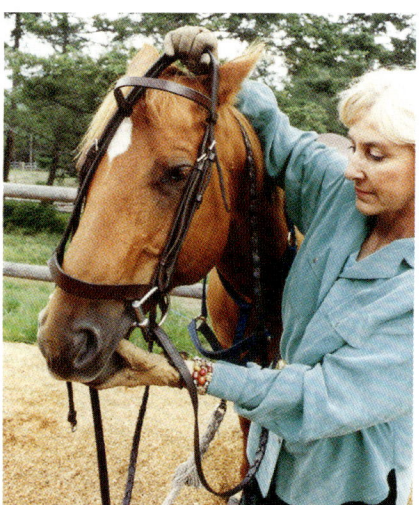

4 Der Daumen öffnet das Maul, ich führe das Gebiß zwischen die Zähne.

5 Ich klappe das Ohr nach vorn und hebe das Genickstück darüber.

6 Ich schließe den Kehlriemen so, daß vier Finger Luft bleiben.

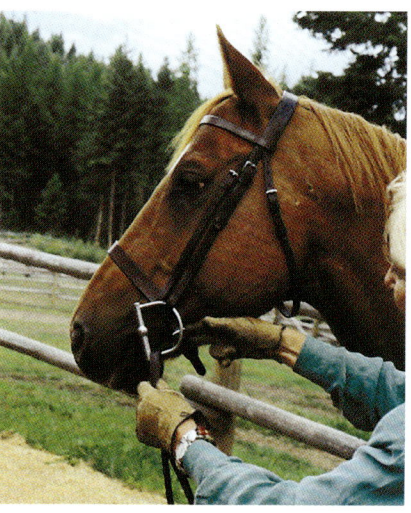

7 Mindestens zwei Finger Luft sollte der geschlossene Kinnriemen haben.

Zum Abtrensen gleite ich langsam mit der Hand an der Stirn herunter.

Weißt du eigentlich, daß viele Pferde kitzelig sind? Wenn sie manchmal beim Putzen nicht stillstehen, mit dem Schweif schlagen oder unruhig werden, hast du vielleicht eine kitzelige Stelle erwischt. Werde also nicht ungeduldig! Nimm dir Zeit herauszufinden, wo dein Pferd kitzelig oder empfindlich ist, und wo es lieber eine festere oder eine weichere Bürste mag. Stell dir einmal vor, jemand schrubbt dir mit einem Metallstriegel über die Wirbelsäule! Na? Das tut weh! Bitte benutze Metallstriegel nur bei starkem Schmutz im dicken Fell und niemals im Gesicht, an den Beinen und über Knochen von Pferden! Wenn du auf das Verhalten deines Pferdes achtest, wirst du bald merken, was es gern hat.

1 Die rechte Hand hält den Kopf des Pferdes, damit es ihn nicht hochwirft.

2 Ich hebe das Genickstück so hoch, daß ich die Ohren durchschieben kann.

3 Ich achte darauf, die Ohren nicht umzuknicken, und klappe sie nach vorn.

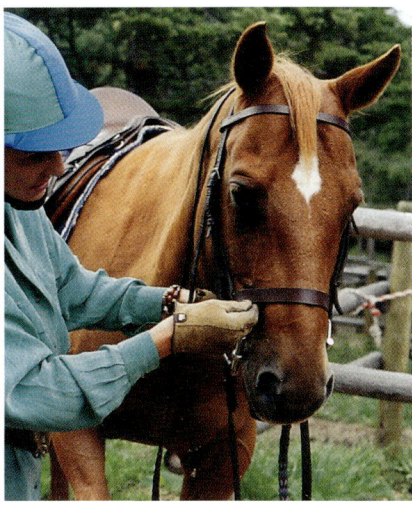

4 Ich überprüfe den Sitz des Zaumzeugs auch von der anderen Seite.

Reiten in der Abteilung

„Ich habe die Zusage von Michael Davies bekommen!" Mit dieser guten Nachricht empfängt uns Robyn am nächsten Morgen. Michael Davis ist der Besitzer einer der schönsten Reitanlagen in der Gegend. Zu seinem Fohlenhof gehört nicht nur die Reitschule, sondern auch ein Gestüt. Hier werden ausschließlich Haflinger gezüchtet und geritten! Ich möchte sie den Kindern unbedingt zeigen. „Wer von euch kennt eigentlich Haflinger?" frage ich.
Es stellt sich heraus, daß nur Mandy schon einmal bei den Haflingern war, in Kanada und in den USA sind sie noch nicht so bekannt.
„Sie werden euch bestimmt gefallen. Haflinger waren früher Trag- und Zugtiere der Bergbauern Österreichs. Sie sind sehr trittsicher und ausdauernd. Durch Einkreuzung mit Arabern wurden sie zu leichteren Reitpferden gezüchtet."

„Können sie auch springen?" möchte Talia wissen. Als Springreiterin interessiert sie sich natürlich dafür.
„Aber sicher! Der Fohlenhof hat sogar einen großen Geländeparcours mit verschiedenen Arten von Hindernissen."

Nun wollen alle sofort losfahren und bald darauf sind wir unterwegs. Der Fohlenhof ist vorbildlich angelegt, und die Pferde werden sehr gut gehalten. Auf den großen Koppeln sehen wir Mutterstuten mit ihren Fohlen. Herr Bundschuh, der Gestütsleiter, zeigt uns die Sattelkammer. Jeder Sattel hängt an seinem

Platz, alles ist aufs Beste gepflegt. Wir bewundern die original österreichischen Festtagsgeschirre für Zwei-und Vierspänner, glänzend poliert und kunstvoll geschmückt.
„Dürfen wir denn reiten?" fragt Shanti, als wir in den Ställen der Reitschulpferde sind. Große, dunkle Pferdeaugen blicken uns neugierig unter den langen, weißblonden Mähnen entgegen.
„Ihr dürft!" sagt Herr Bundschuh freundlich, und kurz darauf bringen wir die Pferde nach draußen.
Mandy führt Axel, den siebzehnjährigen Deckhengst. Er geht problemlos mit Stuten und Wallachen in der

nen können. Bei verschiedenen Reitweisen wird zum Beispiel der Schenkel unterschiedlich eingesetzt. Die Dressurreiterin biegt ihr Pferd um den Schenkel, ein Westernreiter möchte, daß es dem Schenkel weicht."

„Und was ist nun richtig?" fragt Claire.

„Beides! Jede Reitweise ist in sich stimmig, sonst würde es sie gar nicht mehr geben. Einer meiner Dressurausbilder aus meiner Heimat Österreich sagte mir einmal, man könne einem Pferd sogar beibringen, rechts anzugaloppieren, wenn man ihm aufs rechte Ohr spuckt!"

Die Kinder staunen, aber Herr Bundschuh lacht und versichert uns, daß solche Kunststücke bei seinen Haflingerpferden nicht nötig sind.

Schon von weitem sichtbar: Der Fohlenhof, ein Haflingergestüt mit Reitschule bei Vernon, in den Bergen Kanadas.

In der Sattelkammer ist alles am Platz. Jedes Schulpferd hat seinen eigenen, gutsitzenden Sattel.

Auch Prunkgeschirre und traditionell geschmücktes Zaumzeug gehören hier zur Ausrüstung.

Gruppe. Aber plötzlich knickt er mit den Vorderbeinen ein und will sich mitten auf der einladend grünen Wiese hinlegen! Schnell kommt Herr Bundschuh der verdutzten Mandy zu Hilfe.

„Axel kann ein paar Schaunummern", erklärt er. „Dazu gehört, daß er sich hinlegt. Wahrscheinlich hast du ihm diese Hilfe, ohne es zu wissen, gegeben. Oder er hat dich mißverstanden..." Lachend klopft er dem prachtvollen Hengst den Hals. „Daran sieht man wieder einmal, daß Pferde ganz verschiedene Hilfen ler-

Haflingerhengst Axel kann ein paar Kunststücke. Das Hinlegen gehört dazu.

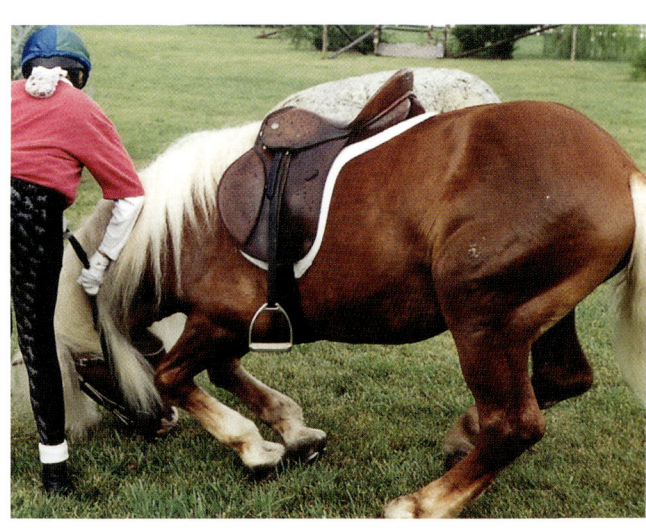

Die Kinder sitzen ohne Sattel auf und machen sich einzeln mit den Pferden vertraut. Es ist gut, nicht immer nur in der Abteilung zu reiten. Die Pferde gewöhnen sich sonst daran, einfach hintereinanderher zu laufen.

„Nun machen wir eine Übung, die ich in meinem Ausbildungszentrum oft unterrichtet habe – das Reiten in Paaren. Dazu muß die Reiterin ihr Pferd aus der Abteilung herausreiten, das Tempo verändern und dann neben der Reiterin vor sich wieder verringern. Das Pferd lernt eigenständig zu gehen, es folgt den Hilfen der Reiterin und läuft nicht nur den anderen hinterher!"

Die Kinder reiten paarweise erst im Schritt, traben dann an und galoppieren schließlich sogar einige Runden um den Reitplatz. Die Haflinger sind gut geschult und gehen freudig mit. „Hinten an der Buschhürde abwenden, einen Zirkel anlegen und dabei die Abstände halten. Biegt eure Pferde um den inneren Schenkel, und achtet darauf, daß sie nicht über die Schulter ausfallen."

Nach ein paar Runden wechseln die Reiterinnen aus dem Zirkel, reiten in gerader Linie hintereinander und dann in Schlangenlinien um die Hindernisse.

„Reitet doch einmal im Schritt die Böschung hinunter und laßt die Pferde langsam über den kleinen Baumstamm in der Mitte gehen. Haltet zwei Pferdelängen Abstand und laßt über dem Sprung die Zügel locker. Erinnert euch, was wir geübt haben: Nehmt die Knie etwas höher, schließt die Oberschenkel und den oberen Teil der inneren Wade. Hebt die Fußspitze, bis euer Fuß fast gerade ist. Bitte greift zum Festhalten in die Mähne, bis ihr euch ganz sicher fühlt." Es klappt schon gut, und die Kinder sitzen beim Bergab- und Bergaufreiten mühelos im Gleichgewicht. Auch den Pferden macht es Spaß, sie sind aufmerksam dabei.

Reitstunde auf den Haflingern ohne Sattel. Der Rasen des großen Reitplatzes federt unter ihren Hufen.

Mandy reitet an der Tete. „Legt jetzt einen Zirkel an und achtet dabei alle auf eure Abstände!"

Schwungvoll traben Talia und Mandy nebeneinander her. Die beide Paare passen gut zusammen.

„Genau, Mandy: Wenn du deinem Pferd den Hals frei gibst, kann es das Hindernis besser einschätzen."

1 **Über die Brücke:** Mandys Pferd geht im Schritt ohne zu zögern.

2 Claires Haflinger ist ein wenig unsicher. Ich komme deshalb mit.

3 Nach ein paar Schritten hat er sich an das dumpfe Poltern gewöhnt.

Angie meint

Es wäre eine tolle Sache, wenn es eine Brille für Menschen gäbe, durch die du die Welt mit Pferdeaugen sehen könntest. Da würdest du dich aber wundern! Das Blickfeld von Pferden ist ganz anders als das von Menschen. Ein Pferd hat fast „Rundumsicht", sieht aber nur einen kleinen Ausschnitt vor sich ganz scharf.

Pferde sehen auch manche Dinge erst später oder in anderen Größenverhältnissen als Menschen. Hab also Verständnis, wenn Pferde manchmal scheuen, obwohl die Dinge aus deiner Sicht gar nicht bedrohlich wirken.

Der Haflinger auf den Fotos hier sah die Brücke anders als seine Reiterin, und außerdem tauchten plötzlich die Büsche in seinem Gesichtsfeld auf und verunsicherten ihn. Aus Pferdesicht kann sich in jedem Busch ein gefährliches Tier verstecken, das ihnen auflauert. So haben sie es von ihren wilden Vorfahren gelernt. Ich wünschte, alle Reiter hätten genug Verständnis für ihre Pferde, um abzusteigen und sie in einer solchen Situation ein Stück zu führen!

7 Max scharrt mit dem Vorderhuf, will ihn aber nicht auf die Brücke setzen. Herr Bundschuh treibt vorsichtig von hinten.

8 Ich helfe Max, sein Vorderbein auf die Bohlen zu stellen. Auch beim Verladen in einen Hänger ist diese Unterstützung oft nützlich.

4 „Gut nachgegeben! Und nimm den Oberschenkel etwas mehr ans Pferd."

5 „Wenn du unsicher bist, greife in die Mähne, aber nicht an den Hals."

6 „Shanti, steig ab wie Talia und führe dein Pferd, wenn es Angst hat."

9 Zögernd betritt Max die Brücke und beguckt sie sich mit tiefem Kopf.

10 Shanti hält die Zügel in beiden Händen und geht auf Kopfhöhe.

11 Geschafft! Shanti freut sich über den gemeinsamen Erfolg.

„Jetzt zur Brücke. Bleibt im Schritt und reitet gerade darauf zu."
Die ersten Pferde gehen ohne Zögern. Ihnen macht das Poltern der Hufe auf den Holzbohlen nichts aus. Aber die nächsten Pferde sind unsicher und wollen nicht weiter.
„Steigt ab und helft euren Pferden, die Angst zu überwinden", schlage ich vor. „Führt sie einfach über die Brücke."
Shanti ist abgestiegen und will ihren Wallach führen, aber Max will keinen Huf auf die Bohlen setzen. Mit Ge-

duld und unserer Unterstützung geht es schließlich doch. Die meisten Reiterinnen lernen, immer und unter allen Umständen oben zu bleiben. Ich sehe oft, daß die Angst eines Pferdes als Ungehorsam ausgelegt wird, und die Reiter einen Kampf beginnen. So passieren Unfälle. Die Haflinger hätten keine Angst vor der Brücke gehabt, wenn wir vorher im Scheuparcours mit ihnen geübt hätten. Pferde, die im Gelände scheuen, Angst vor dem Verladen, vor Wasser, Brücken oder flatternden Plastikpla-

nen haben, sollten nicht bestraft, sondern ausgebildet werden. Wenn mein Pferd sich vor einem Hindernis fürchtet, habe ich versäumt, es richtig darauf vorzubereiten."
„Linda, können wir nicht heute nachmittag im Scheuparcours bei uns mit den jungen Isländern arbeiten?" schlägt Mandy vor.
„Das ist eine gute Idee. Wir haben dort alles, was wir zur Bodenarbeit brauchen. Aber laßt uns erst noch ein bißchen mit den Pferden hier üben, bevor wir nach Hause fahren."

Bodenarbeit mit Jungpferden

„Höher, höher, Amadeus", feuern die Kinder ihn an, und der kleine Kerl juchzt vor Vergnügen auf dem Trampolin. In den Mittagspausen geht es auf dem Trampolin hoch her, und alle nutzen die Gelegenheit, sich richtig auszutoben. Ich schaue besorgt zum Himmel, wo dunkle Wolken aufziehen.

„Laßt uns anfangen, bevor es regnet", rufe ich den Kindern zu, und schon sind wir mitten in der Arbeit.

Bei der Bodenarbeit teilst du eine Aufgabe in möglichst kleine Lernschritte. Wenn es dein Ziel ist, ein Pferd über eine Brücke zu reiten, beginnst du mit einer am Boden liegenden Bohle. Wenn dein Pferd nicht

Auf dem Trampolin geht es hoch her.

längs darüber geht, führst du es erst einmal quer über das Hindernis. Dazu kannst du verschiedene Führpositionen benutzen. Die Brieftaube hat sich schon oft bewährt.

Wenn das Pferd ruhig und sicher seitwärts über die Bohle geht, machst du die Aufgabe etwas schwieriger: Du gehst der Länge nach hinüber. Wenn das gut klappt, kommt ein Geländer dazu. Zum Schluß kannst du noch Plastikplanen darüber hängen. Ein Pferd, das ruhig über eine Bohle mit flatternden Plastikplanen an der Seite geht, lernt auch, ohne Angst unter der Reiterin über eine Brücke zu gehen.

So vorbereitet, verliert sogar der Pferdehänger seinen Schrecken, vor allem, wenn du vorher noch Übungen mit Plastik von oben gemacht hast.

Wie wirksam die Bodenarbeit sein kann, wurde mir vor Jahren bei einem Trail-Kurs in Deutschland klar. Eine Teilnehmerin brachte einen Islandwallach, der besonders schwierig war. Immer wieder ging er ein-

1 Bei Jungpferden nehmen wir zwei Lamaleinen für die „Brieftaube".

2 „Haltet eure Zauberstäbe auf der gleichen Höhe, damit euer Pferd sich darauf konzentrieren kann."

5 Etwas Hafer, auf die Brücke gestreut, hilft Thokka den Kopf zu senken, zu kauen und zu atmen.

6 „So ist es prima!" Die braune Stute folgt Geoff und Claire im ruhigen Schritt über die Brücke.

fach durch und raste unkontrollierbar mit ihr davon. Ich riet ihr, das Pferd während des Kurses aus Sicherheitsgründen nicht zu reiten, sondern ihn nur über die Hindernisse zu führen. Der Wallach lernte trotzdem viel und entspannte sich etwas. Er trat auch nicht rückwärts und trabte kaum, sondern lief meist im Paßgang. Durch die Arbeit über die Stangen lernte er, an der Hand zu traben und gewann ein bißchen mehr Selbstvertrauen. Aber wie würde er sich nach dieser Erfahrung unter dem Sattel verhalten? Wieder zu Hause, bekam der Wallach Husten und konnte einige Wochen nicht geritten werden. Seine Besitzerin arbeitete deshalb weiter nur an der Hand mit ihm über Bodenhindernisse. Als er gesund war und sie ihn das erste Mal ritt, erkannte sie ihn kaum wieder: Er war beim Reiten ruhig und

gelassen und trabte taktklar. Zu ihrem großen Erstaunen konnte seine Reiterin ihn auch unter dem Sattel rückwärts richten, und er ging nicht mehr durch!
Diese Erfahrung zeigte mir, wie sehr die Bodenarbeit zur guten Ausbildung eines Reitpferdes beitragen kann. Von da an entwickelte ich sie als Teil der TTEAM-Methode.

Ich benutze viele verschiedene Bodenhindernisse wie Reifen, Wippe, kreisförmig gelegte Stangen, Plastik und vieles mehr. Wenn ein Pferd diese Übungen beherrscht, empfehle ich, sie alle mit gesatteltem Pferd zu machen. Danach kannst du über all diese Hindernisse reiten.
Bei vielen Westernprüfungen werden Übungen wie die Wippe eingesetzt. Die Bodenarbeit ist außerdem eine gute Vorbereitung für Reiterspiele

3 Aus Unsicherheit springt die junge Stute mit einem Satz über die Brücke, anstatt darauf zu treten.

4 Geoff geht beim zweiten Versuch zu weit hinten, und die Stute will seitlich ausweichen.

7 Wenn die beiden Führpersonen sich nicht aufeinander abstimmen, bekommt das Pferd keine klaren Signale.

8 Aber beim nächsten Mal hat Thokka soviel Vertrauen gewonnen, daß sie sogar längs über die Brücke geht.

1 „Allison, zieh dein Pferd nicht zur Seiten und geh noch einen Schritt weiter vorn neben der Brücke."

2 „Gut gemacht, Allison! Nun bist du genau auf Kopfhöhe!" Baldur ist geradegerichtet und aufmerksam.

oder Rallyes. Auch bei einer Schnitzeljagd zu Pferd kann dir das Gelernte von Nutzen sein. Hier werden nicht nur der Sitz der Reiterin und die Leistung beurteilt, sondern auch der Umgang mit dem Pferd. Stell dir vor, du möchtest an einer solchen Prüfung teilnehmen und über Wippen, Brücken und unter Flatterbändern hindurch reiten, ohne das mit deinem Pferd geübt zu haben! Da wären Pferd und Reiterin bestimmt überfordert. Es lohnt sich also, mit diesen Hinternissen zu Hause zu üben. Dann werden sie dir in einer fremden Umgebung keine Schwierigkeiten mehr bereiten. Auch auf einem Ausritt gibt es viele Dinge, vor denen ein ungenügend ausgebildetes Pferd erschrecken kann. Deshalb ist es so wichtig, ein sicheres Pferd zu haben: ein Pferd, das nicht scheut, Selbstvertrauen hat und freudig mit dir zusammenarbeitet.

Die Kinder holen mit Robyn einige der Jungpferde, die noch keine Erfahrung mit der Bodenarbeit haben.

1 Wenn ein Pferd unsicher ist, nehmen wir zwei Seitenstangen dazu. „Führt die Stute gerade auf die Brücke zu."

2 Thokka beschnobert die Brücke und den ausgestreuten Hafer. „Geoff, geh noch weiter vorne, auf Kopfhöhe."

Für mich gehört die Bodenarbeit unbedingt zum Einreiten eines Pferdes dazu. Denn hier lernt es, auf Signale zu hören und Hilfen anzunehmen. Ein Jungpferd, das schon weiß, was Kommandos wie „Schritt, Trab und Hoo" bedeuten, wird sie auch verstehen, wenn du sie vom Sattel aus gibst. Oft begreift ein Jungpferd nämlich gar nicht, was die Reiterin will, die auf einmal auf seinem Rücken sitzt und möchte, daß es vorwärts geht. Es weiß nicht, was die Signale bedeuten und rührt sich nicht von der Stelle. Leider wird dann oft die Reiterin ungeduldig und überfällt das Pferd mit zu starken Hilfen – etwa einem Schlag mit der Gerte. Und schon springt es los, buckelt und hat Angst. All das kannst du durch die Bodenarbeit vermeiden, indem du dir vor dem ersten Reiten schon eine gemeinsame Sprache erarbeitet hast. Dann weiß dein

1 **Die Reifen** sind der jungen Islandstute nicht geheuer. Sie scharrt und traut sich nicht weiterzugehen.

2 „Siehst du, es ist gar nicht so schlimm! Laß dir Zeit und schau dir alles in Ruhe an. Braves Mädchen!"

3 „Zu zweit geht es leichter! Sie hat ja schon einen Huf im Reifen! Laß die Leine ein wenig lockerer, Geoff!"

4 Die kleine Stute folgt und tritt in den Reifen. Mit den Zauberstäben zeigen Geoff und Claire ihr den Weg.

1 „Komm, Thokka, du brauchst vor der Wippe keine Angst zu haben." Thokka ist anderer Meinung und bleibt stehen.

2 Wir machen aus der Wippe eine Brücke, stellen die Stangen weiter auseinander und hängen Plastik daran.

5 „Das ist nur der Wind, der die Planen etwas aufbauscht. Schau dich ruhig um, Mädchen, es passiert nichts."

6 „Du kannst den Kopf etwas tiefer nehmen und brauchst dich hier im Genick gar nicht so festmachen."

8 Ich halte die braune Jungstute gerade und fordere sie in der Führposition „Dingo" auf, jetzt auch noch die Hinterbeine auf die Brücke zu setzen.

9 Thokka folgt meinen Hilfen. Im „Dingo" gehen wir über die Brücke.

Pferd, was „Scheeeritt" und ein Antippen mit dem Zauberstab bedeutet. Außerdem gibt die Bodenarbeit dir die Möglichkeit, das Vertrauen des jungen Pferdes zu gewinnen und eine Beziehung mit ihm aufzubauen. Am besten übst du mit einem Jungpferd immer zu zweit.

Geoff und Claire arbeiten mit einer vierjährigen Stute, die erst ein paarmal geführt worden ist. Zuerst ist sie noch ängstlich und möchte nicht in die Reifen treten. Die Kinder haben Geduld. Nach kurzer Zeit hat sie gelernt, den Signalen der Lamaleine und des Zauberstabes zu folgen und

Claire und Geoff zu vertrauen. Nun gehen sie mit ihr zur Brücke.
„Kannst du nicht das flatternde Plastik an den Seiten der Brücke herunternehmen?" fragt Geoff. „Unser Pferd hat Angst davor!"
„Ich kann es abnehmen, damit euer Pferd sich leichter an die Brücke ge-

3 Ich komme Geoff zu Hilfe und übernehme Thokka: „Schau dir die Planen gut an, sie tun dir nichts!"

4 „So ist es gut! Die Vorderhufe sind ja schon auf der Brücke. Komm, ich weiß, du bist dir noch nicht sicher."

7 Ein wenig Ohrenarbeit entspannt Thokka und gibt ihr Vertrauen.

wöhnt. Aber dann möchte ich, daß die Stute lernt, sich auch mit dem Plastik an der Seite darüberzutrauen.

Oft wollen wir es unseren Pferden leichtermachen und Dinge, vor denen sie sich fürchten, einfach aus dem Weg räumen. Manche Menschen benutzen auch keine Gerte, weil ihr Pferd sich davor fürchtet. Nur verliert das Pferd so seine Angst nicht! Sicher, wir könnten bei der Bodenarbeit das Plastik weglassen – aber was machst du dann auf dem Ausritt, wenn eine Plastiktüte auf dem Weg liegt, oder die Plastikplane einer Rübenmiete im Wind flattert und sich aufbauscht? Wäre es da nicht gut, ein Pferd zu haben, das sich davor nicht fürchtet? Dein Pferd wird durch Arbeit mit Plastik nicht nur zu einem sicheren Reitpferd, sondern es gewinnt auch mehr

Selbstvertrauen. Jedesmal, wenn ein Pferd seine Angst überwindet, wird es selbstbewußter und lernt etwas Neues.

Auch wenn dein Pferd sich nicht gut verladen läßt, kann die Arbeit mit Plastik helfen. Oft fürchten sich Pferde davor, beim Verladen unter die Plane des Pferdehängers zu gehen. Das kann man sehr schön üben, wenn man zwei Helfer hat, die eine Plane halten, unter der das Pferd dann hindurch geführt wird. Langsam kann man dann die Plane tiefer hängen und so die Aufgabe schwieriger machen.

1 „Scheeeritt! Komm mit und hab keine Angst!"

2 Versehentlich drückt Allison mit dem Arm in den Pferdehals.

◁ 3 Schnell korrigiert sie ihre Position und wird mit Erfolg belohnt.

Allison will mit ihrem Lieblingspferd Frissi, einem hellen Fuchs mit Blesse, üben, unter Plastik herzugehen. Claire und Talia halten dazu ein breites Plastikband hoch. Als es Allison und Frissi gleich beim zweiten Versuch gelingt, ist Allison sehr stolz auf ihn.

„Du lernst wirklich besonders schnell!" sagt sie und streicht ihm über den Hals. „Jetzt weißt du, daß du keine Angst haben brauchst!" Der Fuchs schnaubt leise und Allison strahlt über das ganze Gesicht.

Die Wippe

Mandy bringt ihrem Pferd bei, über die Wippe zu gehen.

„Das habt ihr wirklich gut gemacht", lobt Robyn. „Die Pferde würden sich bestimmt freuen, wenn ihr alle öfter kommen könntet." „Das würde ich gern tun!" ruft Talia. „Ich mag die Isländer sehr. Vielleicht klappt es in den nächsten Ferien."

1 „So ist es gut!" Mit tiefem Kopf erkundet der Wallach die Wippe. ▷

2 Und schon steht er mit allen vier Beinen drauf!

3 „Komm, noch ein Stück. Gleich haben wir es geschafft."

Reiten auf den Haflingern

Als wir am nächsten Morgen aufwachen, ist der Himmel tief verhangen. Der schöne See im Tal verschwindet völlig in den Wolken. Es ist kalt und der Wind pfeift ungemütlich um das Haus. Auch der Wetterbericht macht uns keine Hoffnung auf Sonnenschein. „Weiterhin unbeständig und regnerisch", lautet die Vorhersage. „Können wir denn bei diesem Wetter überhaupt reiten?" fragt Shanti. „Wir wollten doch heute mit den Haflingern springen. Ich hatte mich schon so darauf gefreut!" ruft Talia. Ich werfe Hilmar Pabel, unserem Fotografen, einen fragenden Blick zu. „Was meinst du, Hilmar?" „Natürlich fahren wir jetzt zum Fohlenhof. Im Regen leuchtet das Gras besonders schön. Ihr seid ja schließlich nicht aus Zucker."

Hilmar steckt uns mit seiner Begeisterung immer wieder aufs neue an, und als wir auf dem Fohlenhof ankommen, klart es tatsächlich auf.

Auch ich bin froh, daß wir springen können, weil ich das besonders gerne unterrichte. Ich kann die Kinder so gut verstehen, denn ich selbst bin als junges Mädchen leidenschaftlich gern gesprungen. Ich erinnere mich noch gut daran, wie ich aus Strohballen eine „Mauer" aufbaute und mit meinem Wallach Pride über 1,60 m hoch sprang - ohne Sattel! Meiner Erfahrung nach springen Pferde willig, wenn man sie so ausbildet, daß sie gern mitarbeiten und nicht überfordert werden. Pride hat es sicher genausoviel Spaß gemacht wie mir, gemeinsam über meine „Mauer" zu

springen. Später gewannen wir viele Schleifen auf Turnieren.

Auch in meiner Reitschule und in den Ferienkursen unterrichtete ich nicht nur Reiten ohne Sattel, sondern auch Springen ohne Sattel. Die meisten Schüler und Schülerinnen lernten es sehr schnell. Wer einmal gut und sicher sitzt, hat damit bald keine Schwierigkeiten mehr. Fast alle reitenden Kinder springen gern und lernen dabei, im Gleichgewicht zu sitzen und in der Bewegung ihres Pferdes mitzugehen.

Angie meint

Wußtest du, daß Pferde nur durch die Nüstern und nicht, wie ihr, durch den Mund atmen können? Und nun stell dir einmal vor, wie Pferde sich fühlen, wenn du ihnen mit einem Sperrhalfter die Nüstern zuschnürst. Manche Pferde geraten durch die Atemnot richtig in Panik! Besonders schlimm ist es, wenn du das Sperrhalfter zu tief und zu fest verschnallst! Außerdem blockierst du so ihre Kiefergelenke, und dadurch verspannen Pferde sich am ganzen Körper. Wenn du ein Sperrhalfter benutzt, wie es in vielen Reitschulen für Schulpferde üblich ist, dann beachte bitte die Regel: Verschnalle es immer so, daß noch zwei Finger zwischen Sperrhalfter und Pferdekinn passen!

△ Allison gibt ihrem Pferd den Kopf frei. „Aber nimm dein Bein etwas höher und dreh es so, daß das Knie gerade nach vorne zeigt, um mehr Kontakt mit dem Oberschenkel zu haben."

Mandys Oberschenkel und das obere Drittel der inneren Wade liegen gut an und geben ihr auch ohne Sattel die nötige Stabilität und Sicherheit über dem Hindernis.   ▷

1 „Talia, dein Bein ist so zu steif und nicht genügend abgewinkelt! Und stütz dich bitte nicht so auf dem Hals ab!"

Allison und Talia springen das erste Mal ohne Sattel! Wir wärmen die Pferde auf und traben in der Abteilung zwischen den schönen Natursprüngen. Die Kinder reiten im Schritt und Trab verschiedene Figuren hintereinander. Dann reiten wir den ersten Sprung an. Es ist ein einladendes Hindernis, das an verschiedenen Stellen unterschiedlich hoch ist. Die Kinder können sich deshalb aussuchen, welchen Schwierigkeitsgrad sie springen wollen. Es ist ein aufregender Vormittag! Talia fällt einmal herunter. Sie landet im weichen Gras und tut sich nicht weh. „Ich probier es gleich noch einmal, Linda!" ruft sie noch im Aufstehen. „Prima! Ich zeige dir, was du besser machen kannst! Es ist wie gestern beim Tiefsprung: Nimm dein Knie höher, dein Bein weiter nach vorne und den Absatz nicht so tief. Und greife ruhig in die Mähne." Zum Schluß hat sich Talias Beinhaltung wirklich verbessert.

Claire springt sogar mit beiden Armen zur Seite gestreckt – alle klatschen! Mandy hat viel Reiterfahrung, aber bis jetzt ausschließlich auf Isländern. Ich bin stolz auf meine Nichte, die sich so schnell auf die Haflinger eingestellt hat und in so schöner Manier springt.

In unserer Begeisterung haben wir gar nicht gemerkt, daß es zu regnen begonnen hat. Schließlich können wir draußen nicht weiterreiten. „Abwarten", rät Herr Bundschuh. „Ihr wolltet doch sowieso noch das Auf- und Absitzen üben. Dazu könnt ihr mit Alex in die Halle gehen, er ist schon gesattelt."

2 Hoppla, das kommt vor! Talias Sitz war nicht stabil genug, und sie kam nach vorn aus dem Gleichgewicht.

3 „Wenn das Bein zu steif und zu lang ist, wird das Knie zum Drehpunkt, und der Unterschenkel rutscht dir weg."

4 „So ist dein Bein gut abgewinkelt. Der Fuß ist gerade, und durch den Kontakt mit der Innenseite des Oberschenkels und der oberen Wade sitzt du sicher."

5 „Das ist schon viel besser, Talia! Du stützt dich nicht mehr auf den Hals und gehst schön mit. Die Beine könntest du noch etwas deutlicher abwinkeln!"

Festhalten in der Mähne

Sich in der Mähne festzuhalten, ist keineswegs nur etwas für Anfänger oder unsichere Reiter. Es hat auch für geübtere Reiter in manchen Situationen Vorteile: Man sitzt sicherer, fällt dem Pferd nicht in den Rücken und reißt ihm, vor allem bei Sprüngen und über Stangen, nicht im Maul. Fasse so dicht wie möglich am Mähnenkamm in die Mähne, und zwar so, daß du ein Büschel Mähne zwischen Zeigefinger und Daumen hältst. Wenn du nun noch das Handgelenk gerade hältst, stimmt alles!

Die gründliche Vorbereitung mit den Gleichgewichtsübungen hat sich gelohnt. Claires Beinhaltung stimmt und gibt ihr Stabilität. Sie fühlt sich über dem kleinen Sprung ohne Sattel auf dem Pferderücken so sicher, daß sie sogar die Arme seitwärts ausstrecken und die Augen schließen kann.

„Shanti, wenn du den Fuß waagerecht hältst und das Bein mehr abwinkelst, wird dein Sitz noch sicherer werden!"

1 **Aufsitzen mit Sattel:** Zügel in der linken Hand, greift Mandy mit der rechten an die gegenüberliegende Sattelpausche.

2 Nach kurzem Abfedern mit etwas Schwung hinauf! In dieser Haltung kann Mandy sich gut ausbalancieren.

3 Mandy sitzt weich im Sattel ein. Alex ist ruhig stehengeblieben und wartet auf die Signale seiner Reiterin.

Alex ist ein gut ausgebildetes Reitpferd: Er bleibt beim Aufsitzen ruhig stehen. Sicher kennst du das Aufsitzen von vorne: Du stehst mit Blickrichtung zur Kruppe, nimmst einen Fuß in den Bügel und schwingst dich dann mit einer halben Drehung in den Sattel.

Es gibt aber noch eine andere Möglichkeit aufzusteigen: Du stehst dabei parallel zum Pferd und schaust nach vorne (siehe Fotos oben). Diese Art aufzusteigen hat einige Vorteile:

* Du ziehst nicht am Hinterzwiesel, was dein Pferd aus dem Gleichgewicht bringen und die Wirbelsäule unnötig belasten kann.
* Du läufst nicht Gefahr, deinem Pferd die Fußspitze in die Seite zu stoßen.
* Für die Reiterin ist diese Art aufzusteigen meist angenehmer.
* Dein Pferd lernt bei dieser Methode stillzustehen.

Es kann dem Pferderücken wirklich schaden, wenn du dich in den Sattel fallen läßt. Dadurch drückt das Pferd den Rücken weg - und genau das wollen wir vermeiden. Für Pferde mit empfindlichem Rücken ist es besonders wichtig, daß der Reiter nicht in den Sattel fällt. Viele Pferde bleiben beim Aufsteigen nicht stehen, weil sie es nie gelernt haben, es mit Schmerzen verbunden ist oder sie das Gleichgewicht verlieren.

Lindas Tip

Balanceübung zu Pferd

Dies ist eine gute Übung für den Balancesitz und die Winkelung des Beckens. Du reichst mit der rechten Hand zur linken Zehenspitze hinunter und dann mit der linken Hand zur rechten Zehenspitze. Aber Vorsicht: Laß den gegenüberliegenden Unterschenkel nicht nach hinten rutschen.

Du mußt bei dieser Übung den Po nach hinten schieben wie eine Ente, sonst bekommst du Übergewicht nach vorn. Wenn es nicht gleich gelingt, verkürzt du die Steigbügel etwas.

Auch ohne den Fuß aus dem Bügel zu nehmen, kannst du mit etwas Übung und Geschicklichkeit die Bügellänge mit einer Hand sogar im Trab und im Galopp verändern.

Das Nachgurten geht am besten im Stehen, mit etwas Übung und nur bei einem sicheren Pferd auch im Schritt. Dabei solltest du aber den Fuß aus dem Bügel nehmen.

Reitunterricht mit Schulpferden

1 **Absitzen:** Mandy nimmt beide Füße aus den Bügeln, stützt sich mit den Händen am Hals des Pferdes ab und lehnt sich nach vorn.

2 Mit etwas Schwung und ein wenig Übung geht es ganz leicht.

Angie meint

„Ach, der stellt sich beim Satteln immer so an", heißt es oft, wenn sich ein Pferd beim Satteln aufbläst oder nach dem Gurt schnappt. Probier einmal aus, wie es sich anfühlt, wenn du deinen Gürtel blitzschnell so fest anziehst, daß dir die Luft wegbleibt. Na, gefällt dir das? Pferden auch nicht! Gurte also bitte langsam und mit Gefühl an. Es hilft auch sehr, wenn du vorher etwas Bauchheben oder andere wohltuende TTouches in der Bauchgegend machst.

„Es hat aufgehört zu regnen!" ruft Hilmar. „Laßt uns nach Aspengrove fahren und das gute Licht auf dem Reitplatz nutzen."
Wir bringen Alex zurück in die Stallungen. Mandy sattelt ihn auf der Stallgasse ab und führt ihn in seine geräumige Box. Hier wartet schon eine Portion Hafer auf ihn. Schließlich verabschieden wir uns von den

Haflingern, bedanken uns bei Herrn Bundschuh und fahren los.

Amadeus will auch reiten

„Darf ich nicht auch einmal reiten?" fragt Amadeus, als wir im Auto sitzen. Er ist der Sohn meiner Co-Autorin Andrea Pabel und Enkel unseres

1 „Wie weit nach vorn kannst du reichen? Bis an die Ohren?" ▷

2 „Hier könnte ich ein gemütliches Schläfchen machen!" ▷

3 „Sooo weit nach oben kann ich reichen, wenn ich mich strecke!" ▷

4 Rücklings reiten? Mit Mandys Unterstützung kein Problem für Amadeus.

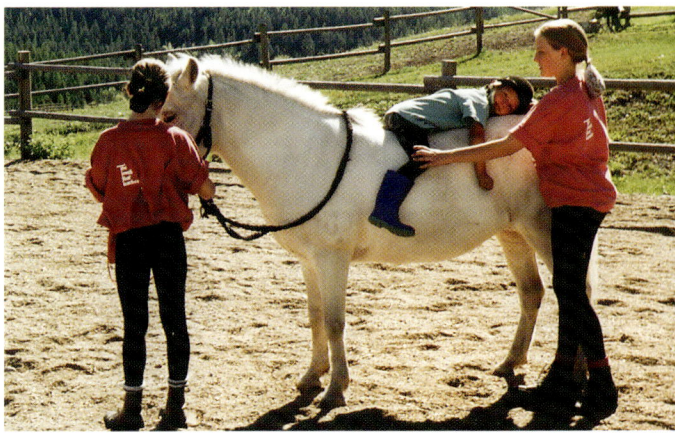

5 „Leg dich so herum doch einmal auf Silvers Kruppe." Die Schimmelstute mag Kinder und bleibt geduldig stehen.

6 „Können wir jetzt ein bißchen gehen?" Allison achtet darauf, daß Silver nicht zu schnell wird.

7 Auch seitlich sitzen ist eine gute Gleichgewichtsübung, die Amadeus Spaß macht und ihm Sicherheit gibt.

8 „Kannst du dich auf den Bauch legen und so lang machen, daß deine Beine bis zur Kruppe reichen?"

Fotografen. Er ist erst fünf Jahre alt und deshalb nicht mitgeritten. „Warum dürfen nur die Großen reiten?" will er nun von mir wissen. Kennst du diese Frage vielleicht auch? Fast alle kleinen Geschwister oder Nachbarskinder wollen früher oder später mit aufs Pferd. Vielleicht sind dir die Kleinen manchmal lästig, und du denkst, sie stören sowieso nur. „Was möchtest du gern mit den Pferden machen?" frage ich Amadeus. „Galoppel, Galoppel!" sagt er mit funkelnden Augen. „Das mache ich zu Hause auf Mamas Pferd auch." Erinnerst du dich noch, wie glücklich du warst, als du das erste Mal reiten durftest? Und wie lange vorher du

9 „Seht mal alle her, was ich kann!"

10 „Bravo, Amadeus!"

11 Aber natürlich immer mit Reitkappe.

immer sehnsüchtig zugeschaut hast? Nimm dir etwas Zeit für die Kleinen! Such ihnen eine passende Reitkappe und feste Schuhe und erkläre ihnen das, was sie schon verstehen können. Setze sie dann auf ein ruhiges Pferd, dem du vertrauen kannst.

So haben wir es mit Amadeus gemacht. Die Schimmelstute Silver hat die ideale Größe für ihn, und Amadeus Freude belohnt uns alle. Seine Geschicklichkeit und sein natürlicher Sitz sind vorbildlich.

In England und Nordamerika ist es üblich, auch kleine Kinder aufs Pferd zu setzen. Ich habe schon Sechsjährige mit zehn Zentimeter hohen Hindernissen spielerisch auf „Springturniere" vorbereitet. Die meisten Pferde mögen kleine Kinder und sind manchmal richtige Kindermädchen. Es gibt viele Reitervölker, bei denen die Kinder früher reiten als laufen lernen und mit einer Selbstverständlichkeit im Sattel sitzen, von der viele Erwachsene bei uns nur träumen können. „Früh übt sich, wer ein Meister werden will" – Mandy ist ein glänzendes Beispiel dafür. Das Foto auf dieser Seite zeigt sie mit 18 Monaten im Sattel! Sie schlägt dabei ihrer Mutter nach, die schon als Kleinkind die Welt mit Vorliebe vom Pferderücken aus erkundete. Dabei „ritt" sie schon zum ersten Mal mit sechs

Wochen! Robyn und Phil nahmen sie auf dem Rücken beim Reiten mit und zwar mindestens einmal am Tag! Obwohl sie sonst nicht gut schlief, fielen ihr auf dem Pferd mit schöner Regelmäßigkeit sofort die Augen zu. Als sie ein Jahr alt war, nahmen ihre Eltern sie vor sich im Sattel mit. Mit zwei

Jahren saß sie dann schon alleine auf einem Handpferd! Wen wundert es da, daß Mandy mit knapp elf Jahren ihr erstes Pferd fast allein eingeritten hat! Auch meine Schwester Susan fing mit drei Jahren zu reiten an und stellte meine Springpferde mit sieben Jahren auf Jugendturnieren vor.

Mandy ritt schon als Kleinkind im Alter von 18 Monaten.

1 „Jetzt nimm die Zügel auf! Du sitzt schon so sicher, daß du dich bestimmt nicht daran festhältst."

2 „Nimm die Zügel kürzer und die Hände etwas mehr zusammen! Du kannst Silver schon selbst lenken."

3 Amadeus sitzt im Gleichgewicht und reitet die Schimmelstute ganz allein im Schritt durch das Zickzack.

4 Ein stolzer Reiter von 5 Jahren auf dem Rücken der schon 26jährigen erfahrenen Stute.

5 Es macht Amadeus Spaß, wie die Großen über die Stangen zu reiten.

Nach einigen Gleichgewichtsübungen reitet Amadeus allein mit Silver durch das Zickzack. Man sieht dem kleinen Reiter an, wie stolz er ist, die Schimmelstute selbständig lenken zu können.
Nimm dir ein Herz – und die kleinen Pferdefreunde ab und zu einmal mit!

Atemübungen

Während wir mit Amadeus in der Bahn waren, haben die anderen schon die Pferde geholt, geputzt und gesattelt. In der Reitbahn machen wir zunächst ein paar Minuten TTouch-Arbeit in den Gesichtern der Pferde, um so den Kontakt mit ihnen zu vertiefen und ihnen Gutes zu tun. Denk daran, daß dein Pferd ein lebendiges Wesen ist und kein Fahrrad. Es freut sich, wenn du es begrüßt und dich vor dem Reiten etwas mit ihm beschäftigst.

Die Kinder sitzen auf, und wir machen einige Gleichgewichts- und Atemübungen. Es ist so wichtig, beim Reiten gut zu atmen und nicht etwa die Luft anzuhalten. Dadurch verspannst du dich nicht nur selbst, auch dein Pferd spürt deine Verspan-

Durch ein Wäldchen führen die Kinder ihre Pferde hintereinander vom Sattelplatz zur Reitbahn.

In den Ständern angebunden, können die Pferde in sicherem Abstand geputzt und gesattelt werden.

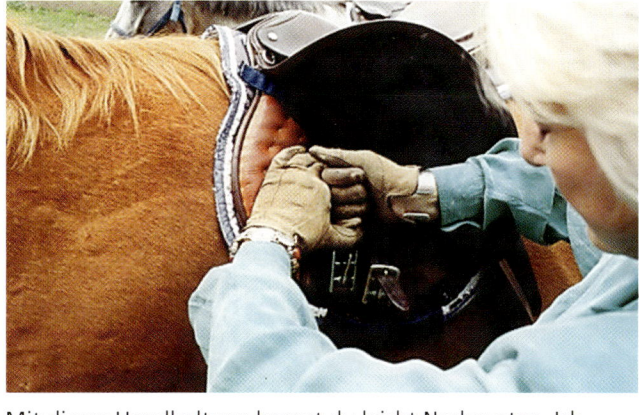

Mit dieser Handhaltung kannst du leicht Nachgurten. Ich achte darauf, den Gurt ganz langsam festzuziehen.

nung und den angehaltenen Atem. Von diesen Atemübungen hörte ich zum ersten Mal von meinem Großvater George. Er lebte lange Jahre hoch oben im Norden Kanadas. Dort ist es sehr kalt, und die Winter sind lang und schneereich. Dann waren Schneeschuhe sein einziges Fortbewegungsmittel. Auf seinen langen Wanderungen machte er es so: Er atmete vier Schritte lang ein und vier Schritte lang aus. Auf diese Weise konnte er sehr weit und tagelang laufen, ohne müde zu werden.

Ich habe diese Atemübung auf das Reiten übertragen, und sie geht so: Du zählst im Schritt jeden Tritt der Vorderbeine laut mit: „Eins, zwei, drei, vier – eins, zwei, drei, vier". Wenn du ein Gefühl für den Rhythmus dieser Tritte bekommen hast, zählst du nur noch still mit und atmest vier Tritte lang aus und vier Tritte lang ein.

Nun kannst du die gleiche Übung auch im Trab machen. Vier Tritte einatmen, vier Tritte ausatmen.

Ich experimentiere gern damit. So atme ich zum Beispiel sechs Tritte lang ein und sechs Tritte lang aus, oder acht und acht. Du kannst auch einmal versuchen, acht Tritte lang einzuatmen und zwölf Tritte lang auszuatmen. Dazu mußt du wirklich tief ausatmen und den Atem aus dem Bauch herausdrücken.

Ich habe festgestellt, daß viele Reiterinnen aufgrund dieser Atemübun-

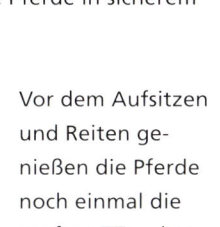

Vor dem Aufsitzen und Reiten genießen die Pferde noch einmal die sanften TTouches im Gesicht.

„Die rechte Hand zur Seite hinaushalten! Das macht ihr wirklich gut!"

Gleichgewichtsübungen im Trab zu dritt nebeneinander machen uns großen Spaß.

1 „So ist die Beinhaltung beim Leichttraben richtig. Stell dir den Steigbügel als Boden vor. Vorher hattest du deine Absätze zu tief, das Knie bewegte sich auf und ab, und du konntest dein Bein nicht ruhig halten."

2 „Nimm das Bein nicht soweit zurück, sondern bring es unter dich und schiebe den Po mehr nach hinten raus."

gen besser ritten und ihre Muskeln nicht mehr unnötig anstrengten. Auch den Kindern machen die Atemübungen Spaß. Am Anfang verzählen sie sich manchmal, aber dann sehe ich, wie sie sich auf ihren Atem konzentrieren und ein besseres Gefühl für den Rhythmus ihres Pferdes und ihres Körpers bekommen.

„Linda, ich weiß nicht, was ich machen soll!" Talia ist unzufrieden und kommt zu mir geritten. „Es gelingt mir einfach nicht, meine Beine beim Leichttraben ruhig zu halten! Mein Unterschenkel rutscht immer wieder zurück. Woran kann das denn nur liegen?"
„Deine Absätze sind zu tief!"
Talia kommt zu mir geritten, und ich helfe ihr, eine stabilere Beinhaltung zu finden.
Flatternde Beine und Unterschenkel machen deinen Sitz unsicher, und das Pferd wird gestört. Stell dir vor, wie es sich anfühlt, wenn da dauernd unruhige Reiterbeine an deine Seiten klopfen!
Da Talia viel springt, neigt sie zu tieferen Absätzen. Aber beim Leichttraben sollte der Fuß möglichst gerade gehalten werden. Stell dir vor, daß

im Sattel der Steigbügel dein Boden unter den Füßen ist. Du solltest das Gefühl haben, sicher darauf stehen zu können. Dabei kann der Absatz deines Reitstiefels etwas tiefer als die Fußspitze sein. Oft wird Reitanfängern gesagt, sie sollen mit tiefem Absatz reiten, weil sie dazu neigen, die Ferse hochzuziehen. Zum Leichttra-

ben aber ist eine tiefe Ferse gar nicht günstig, weil dein Knie beim Aufstehen leicht aus der Sattelpausche rutscht und sich auf- und abbewegt. Dadurch wird das ganze Bein unruhig.
Wenn dein Fuß fast gerade ist, öffnet sich das Knie zwar ein wenig beim Aufstehen, aber es bewegt sich nicht

Lindas Tip

Leichttraben mit der Bewegung

Es gibt eine gute Übung, um das Leichttraben mit der Bewegung zu üben:
✱ Setze dich über Eck so auf einen Stuhl (ohne Lehne), daß deine Oberschenkel parallel zueinander stehen.
✱ Stell dir ein Lot von der Mitte der Kniescheibe zur Innenseite des Fußes vor.
✱ Du kippst dein Becken so ab, daß sich der Winkel zwischen Becken und Oberschenkel verkleinert.
✱ Nun hebst du den Po wenige Zentimeter vom Stuhl. Dabei deuten die Sitzknochen nach hinten. Das Knie

öffnet sich leicht, streckt sich aber nicht durch.
✱ Setze dich wieder hin und übe einige Male hintereinander das Aufstehen und Hinsetzen in dieser Haltung.
✱ Wenn du im Gleichgewicht bist, kannst du beim Hinsetzen jederzeit anhalten, ohne nach hinten zu fallen.

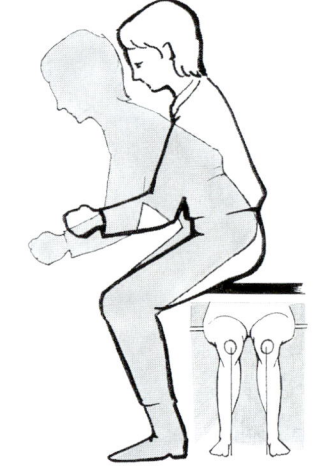

nach hinten, und dein Bein kann ruhig am Pferdekörper bleiben.

Bei uns in Amerika kennen wir zwei verschiedene Arten des Leichttrabens: hinter der Bewegung und mit der Bewegung.

✳ Hinter der Bewegung traben, gibt dem Pferd bei anstehendem Zügel mehr Schub aus der Hinterhand. Du schiebst es mit dem Becken nach vorne und in die Zügelhand hinein. Das Pferd geht versammelt und steht am Zügel.

✳ Mit der Bewegung traben bedeutet, bei der Bewegung mitzugehen. Du treibst dein Pferd nicht dauernd vorwärts, denn es soll sein Tempo selbständig halten. Du kannst dabei die Zügel leicht anstehen lassen oder am langen Zügel reiten. Die Winkelung deines Beckens ist so, daß die Sitzbeine nach hinten zeigen. Das Aufstehen und Hinsetzen kommt aus dem Öffnen und Schließen des Winkels vom Becken zum Oberschenkel. Der Fuß ist fast gerade, und das Knie bleibt ruhig am Pferd liegen. Du hast mit dem inneren Oberschenkel und der oberen Wade Kontakt zum Sattel. Du brauchst bei dieser Art leichtzutraben gar nicht weit aus dem Sattel heraus. Wichtig ist, daß dein Rücken gerade bleibt und du kein Hohlkreuz machst. Diese Art leichtzutraben braucht viel weniger Muskelkraft als

das Traben hinter der Bewegung und schont den Rücken von Mensch und Pferd.

Ich zeige Talia, wie sie ihre Beinposition verändern kann, und nach ein paar Runden verbessert sich ihr Sitz deutlich. Natürlich ist es schwer, eine jahrelange Angewohnheit zu ändern. Talia hatte sich ja Mühe gegeben, um zu lernen, mit tiefem Absatz zu reiten – und nun soll sie es anders machen! Aber sie spürt, daß es mit fast waagerechtem Fuß leichter geht. Ihre Knöchel können sich entspannen, und die Beine werden ruhiger.

Der Balancesitz

Es gibt viele Arten zu reiten, die alle ihre Berechtigung haben. Das war eines der Grundprinzipien meines Ausbildungszentrums für Reitlehrer. Meine Schüler kamen aus vielen Ländern und hatten verschiedene Reitstile gelernt. Ich wollte nicht, daß sie das Gefühl hatten, „falsch" zu reiten, nur weil sie nicht den amerikanischen Balancesitz, den ich unterrichtete, gelernt hatten. Dieser Balancesitz wurde von der amerikanischen Kavallerie aus dem italienischen Caprilli- und dem französischen Saumur-Sitz entwickelt. Die amerikanische Kavallerie brauchte einen Sitz, der für Pferd und Reiter auf langen

Strecken bequem war. Sie mußten Hunderte von Meilen reiten und konnten die Pferde nicht auswechseln. Deshalb war es wichtig, daß die Pferde nicht lahm gingen. Ein Reiter, der im Gleichgewicht sitzt, hilft dem Pferd gesund zu bleiben.

Eines Tages kam ein Pilot, um bei mir reiten zu lernen. Ich gab ihm die üblichen Anweisungen, wie er sitzen und die Zügel halten sollte. Da sah er mich an und fragte: „Warum?" Ich war einen Augenblick lang sprachlos. Entweder mußte ich mir schnell irgendeine Antwort einfallen lassen oder gestehen, daß ich es selbst nicht wußte. Man machte es eben so – aber warum? Ich entschied mich für die zweite Möglichkeit und nahm mir vor, sofort Went diese Frage zu stellen. Als Offizier der amerikanischen Kavallerie mit einer hervorragenden Reitausbildung mußte er doch die Antwort wissen. Went hielt mir einen langen Vortrag und am Ende war mir nur klar: Auch er wußte nicht wirklich, warum. Was war eigentlich ein guter Sitz? Was bedeutete Gleichgewicht auf dem Pferderücken? Viele Reitlehrer beschränkten ihre Anweisungen auf fünf Sätze: „Gerade sitzen! Absätze tief! Ellenbogen am Körper! Hände eine Handbreit über dem Widerrist! Nach vorne schauen!"

Leichttraben mit der Bewegung im Balancesitz: Mein Rücken ist vom Hüftgelenk aus etwas nach vorne verlagert. Das erlaubt ein weiches Mitgehen.

Hier sitze ich aufrechter, um das Pferd mehr zu versammeln.

Wenn der Schüler diese Anweisungen nicht verstand, schrie der Reitlehrer einfach lauter. Kein Wunder, daß man bei dieser Methode mindestens zehn Jahre brauchte, um reiten zu lernen.

Ich mußte mir meine Antworten also selbst suchen. So begann ich verschiedene Reitstile zu vergleichen, immer auf der Suche nach einem gemeinsamen Prinzip, einer Grundlage des Gleichgewichts. Wie konnte ich einem Reiter genaue Anleitungen geben, damit er besser und erfolgreicher ritt? Im Laufe der nächsten Jahre beschäftigte mich diese Frage immer wieder, und ich entwickelte die „33 Punkte des Balancesitzes", die ich als Leitfaden für Reitlehrer aufschrieb. Die wirklichen Antworten auf die Frage des Gleichgewichts fand ich erst später in meiner Feldenkrais-Ausbildung. Dadurch konnte ich zur Methode des „Reiten mit Bewußtheit" finden und sie unterrichten. Heute habe ich sie zum „Joy of Riding" oder „Reiten mit Freude" weiterentwickelt.

Mit dieser Methode kann die Reiterin ihren Sitz an viele Reitstile anpassen, wenn sie zum Beispiel einen anderen Sattel gebraucht, die Haltung des Beines und die Bügellänge oder die Position des Fußes im Bügel verändert. In meinem Ausbildungszentrum lernten die Schüler nicht nur eine Reitdisziplin, sondern ritten Dressur, Western, Springen und Distanzen – alles auf der Basis des Balancesitzes.

Der Sitz der Reiterin verändert sich mit der Gangart und dem Versammlungsgrad des Pferdes. Wenn ich ein versammeltes Pferd im Galopp reite, sitze ich auch im Balancesitz mit etwas längeren Steigbügeln und geradem Oberkörper tief im Sattel. Der Steigbügel ist unter meinem Schwerpunkt, der etwa eine Handbreit unter dem Bauchnabel liegt. Meinen Fuß halte ich in der Mitte oder an der Außenseite des Bügels. Wenn ich das Pferd mehr durch mein Becken und den Unterschenkel beeinflussen will, kann ich meinen Fuß im Bügel nach hinten nehmen. Der Bügel bleibt ungefähr an der gleichen Stelle, aber mein Bein liegt nun etwas weiter hinten. Je nach Sattel und Steigbügelaufhängung gibt es hier Unterschiede.

Wenn ich im Gelände galoppiere oder springen will, ändere ich meinen Sitz: Ich verkürze die Bügel und schiebe meinen Po nach hinten, so daß das Schambein über dem Sattel schwebt. Dadurch verkleinert sich der Winkel zwischen Becken und Oberschenkel. Die Innenkante des Fußes liegt an der Innenseite des Bügels. Um so zu sitzen, daß die Beinhaltung dein Gleichgewicht unterstützt, kannst du auf dem stehenden Pferd einmal den Fuß aus dem Bügel nehmen und sehen, wo der Bügel hängt. Dort sollte er auch bleiben, wenn du den Bügel aufnimmst.

Ich sitze beim Galoppieren im Gelände nicht im Sattel ein. Mein Gewicht verteilt sich auf die Innenseite meiner Oberschenkel, die obere Hälfte der inneren Wade und auf die breiteste Stelle des Fußballens.

Der Balancesitz eignet sich auch sehr gut für Jungpferde und für Pferde mit verspanntem Rücken oder unausgebildeten Muskeln.

So kannst du dich nach vorn lehnen, indem du gleichzeitig dein Becken im Sattel nach hinten schiebst. In dieser Haltung kannst du nicht das Gleichgewicht verlieren. Die Pferde mögen die Arbeit am Hals sehr. Besonders, wenn du sie mit dem TTouch darauf vorbereitet hast, senken sie auch beim Reiten den Kopf und entspannen sich.

„Vergeßt nicht, eure Pferde zwischendurch und nach der Arbeit ausgiebig zu loben!" Hier genießen unsere Pferde das verdiente Streicheln.

Der Balancesitz im Arbeitsgalopp: Hier kannst du die gerade Linie vom Ellenbogen über die Hand bis zum Pferdemaul besonders deutlich erkennen.

Hier lasse ich die Zügel zwischen Daumen und Zeigefinger nach unten laufen. Das ist ungewöhnlich, aber gut für eine weiche Hand im Galopp und beim Springen.

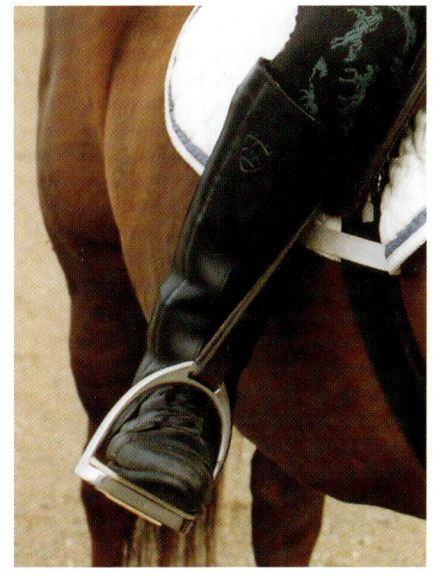

Beim Galopp und beim Springen geht mein Gewicht an die Innenseite des Steigbügels. Der Kontakt der Innenseite des Oberschenkels und des inneren Drittels der oberen Wade gibt mir im Sattel die nötige Stabilität.

Ich finde es wichtig, meinen Reitstil und meine Sitzposition dem Pferd, dem Sattel und der jeweiligen Situation anpassen zu können. Wenn du nur Dressur reiten kannst, wirst du mit einem Westernpferd Schwierigkeiten haben. Wenn du nur Springreiten kannst, wirst du mit einem Gangpferd nicht zurechtkommen. Ich habe auf meinen Reisen um die ganze Welt Pferde unterschiedlich-

ster Rassen geritten und mich dabei dem jeweiligen Reitstil angepaßt. Ich kann ein Jagdpferd in England genauso gut reiten wie ein Gangpferd in Brasilien oder ein russisches Dressurpferd. Der Balancesitz erlaubt mir, flexibel zu sein und schränkt meine Reitmöglichkeiten nicht ein.
Letztes Jahr ritt ich täglich acht Stunden südafrikanische Saddle Bred Pferde auf Safari in Botswana. Dabei experimentierte ich mit verschiedenen Sitzen, Bügellängen und Fußhaltungen: Mal probierte ich, den Fuß gerade unter meinem Schwerpunkt zu halten. Dann veränderte ich meinen Sitz und nahm die Füße nach vorn. So reiten die australischen und amerikanischen Cowboys oft. Ihre Sättel sind speziell für diesen Sitz gemacht und verteilen das Reitergewicht über eine große Fläche. Das fand ich im Schritt sehr bequem, und mein Pferd ging entspannt vorwärts. Im Trab oder Galopp saß ich wieder anders. Ich verkürzte meine Bügel und saß in der Balance-Position etwas mehr vorwärts. Diesen Sitz fand ich am sichersten, wenn die Situation größte Wachsamkeit erforderte, weil Wildtiere das Pferd erschrecken konnten. So war ich auf plötzliches Lospreschen oder Seitensprünge gefaßt. Die Pferde waren nicht etwa schlecht ausgebildet, sondern schütz-

Verlorenen Bügel aufnehmen

Wer hat nicht schon verzweifelt nach einem verlorenen Steigbügel geangelt? Hinschauen soll man ja nicht, sonst macht man leicht den Rücken rund und verliert außer dem Bügel auch noch das Gleichgewicht. Wie nimmst du ihn also schnell wieder auf?
Am einfachsten geht das so: Du schlägst mit dem Fuß kurz gegen den Bügel. Dadurch bewegt er sich etwas zur Seite, und du kannst nun schnell hineinschlüpfen! Verlier nicht den Mut, wenn es nicht auf Anhieb klappt. Etwas Übung gehört dazu!

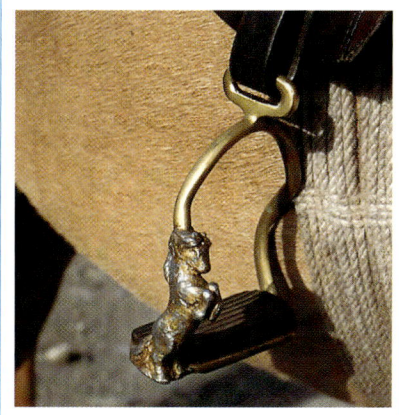

ten sich und ihre Reiterin. Auf einer Safari können sie nur so einem plötzlich angreifenden Wasserbüffel oder Flußpferd entkommen.

Aber auch wenn du nicht auf Safari, sondern zu Hause reitest, bewährt sich der Balancesitz: Du kannst gut atmen, weil dein Zwerchfell nicht eingezwängt ist, und dein Rücken wird nicht so beansprucht, weil du weniger Muskelkraft brauchst, um im Gleichgewicht zu bleiben. Und zwar beim Springen genauso wie bei einem Ausritt! Das Schöne am Balancesitz ist seine Vielseitigkeit.

Unterricht auf dem herrlich gelegenen Reitplatz in Aspengrove. Die Schulpferde sind gut ausgebildet und liebevoll gepflegt.

„Nimm eine Hand in die Mähne und mache beim Stehen in den Bügeln kein Hohlkreuz."

Gleichgewichtsübungen im Sattel. Die Pferde sind dazu erzogen worden, am langen Zügel ruhig stehenzubleiben.

◁ „Reicht mit der rechten Hand zur linken Stiefelspitze! Schiebt dabei das Becken im Sattel nach hinten, damit ihr kein Übergewicht nach vorn bekommt."

über die Mitte der Stangen geradeaus zu traben. Wenn es diese Übung beherrscht, kann die Reiterin dabei sogar die Zügel lang lassen – das Pferd geht selbständig vorwärts.
So ausgebildete Pferde müssen nicht über den Sprung getrieben werden. Sie gehen frei und selbständig auf die Mitte des Sprunges zu.

Aber Traben über Stangen dient nicht nur der Vorbereitung zum Springen. Jedes Pferd, egal, wie es geritten wird, kann davon profitieren. Diese Übung fördert Schwung, Rhythmus und Taktklarheit des Pferdes. Die Reiterin lernt, zügelunabhängig im Gleichgewicht zu sitzen.
Kindern und Pferden macht das Traben über die Stangen Spaß. Mandy

Traben über Stangen

„Können wir über die Stangen dort hinten traben?" fragt Mandy mich am Ende unserer Reitstunde.
„Du kannst wohl meine Gedanken lesen! Ich wollte euch diese Übung

gerade als nächstes vorschlagen."
Traben über Stangen ist eine gute Gleichgewichtsübung und hervorragende Vorbereitung auf das Springen für Pferd und Reiterin. Das Pferd lernt, sich an die bunten Stangen zu gewöhnen und vor allem, taktklar

94

Talia trabt auf Drummerboy am lockeren Zügel. Diese Übung fördert den Takt des Pferdes und den Sitz der Reiterin.

„Nehmt eine Hand zur Seite und stellt euch ein wenig in die Bügel, um den Pferden den Rücken freizugeben!"

„Könnt ihr auch diesmal die Arme zur Seite heraushalten, ohne dabei das Gleichgewicht zu verlieren?"

„Toll, im Trab über Stangen, die Arme zur Seite! Das nenne ich einen zügelunabhängigen Sitz!"

hält sogar schon die Arme zur Seite, und Talia probiert es auch gleich. Dazu brauchen die Mädchen einen wirklich sicheren Sitz im Gleichgewicht – offensichtlich haben sie ihn! Lachend reiten die beiden Mädchen nebeneinander über die Stangen und halten sich dabei sogar an den Händen!

Shanti sitzt sehr schön im Balancesitz: Die Senkrechte von der Hüfte zum Fuß ist klar zu erkennen. Die Linie vom Ellenbogen zum Pferdemaul ist gerade. Mit dem Pullover sieht es ein wenig nach Hohlkreuz aus, aber Shanti hält den Rücken gerade. Sie schaut nach vorne und geht weich mit der Bewegung ihres Pferdes mit.

Reiten mit Halsring

„Heute reiten wir wieder mit Halsring!" kündige ich an.

„Können die Pferde denn auch nur mit Halsring und ohne Trense gehen?" fragt Geoff.

„Ja, ich zeige euch, wie man sie auf den Halsring umstellt. Die meisten Pferde lernen es schnell. Natürlich reiten wir nur auf dem sicher eingezäunten Reitplatz mit Halsring. Den Anfang haben wir ja vor ein paar Tagen schon gemacht. Erinnert ihr euch, wie ihr mit Trense und Halsring durch das Zickzack geritten seid?"

„Ja, das ging schon sehr gut!"

Wir führen die Pferde in die Bahn, und ich helfe Talia, Drummerboy

„umzustellen". Zum Reiten mit dem Halsring brauchst du deinen Zauberstab. Seine Signale kennt das Pferd schon aus der Bodenarbeit.

Wir stellen das Pferd zur Sicherheit schrittweise auf den Halsring um:

✳ Zuerst reitet Talia mit Trense und Halsring.

✳ Wenn das Pferd sich mit dem Halsring anhalten und wenden läßt, nehme ich ein 7 m langes, dünnes Seil und binde es mit einem Knoten, der sich nicht zuziehen kann, um den Hals.

✳ Jetzt nehme ich die Trense ab und knüpfe aus dem Seil ein Halfter: Ich nehme das andere Ende des Seils in

Ich zeige Talia, wie sie mit dem Halsring wendet und anhält. „Die Trense kannst du einsetzen, falls dein Pferd die neuen Signale noch nicht ganz versteht."

Auf einen Blick

Reiten mit Halsring

Was ist das?	Reiten ohne Zaumzeug mit einem kunststoffbeschichteten Seilring, den man in der Größe verstellen kann.
Hilfsmittel:	Mit dem Zauberstab werden die Hilfen des Halsrings unterstützt und verdeutlicht.
Wozu:	Für Pferde, die hinter dem Zügel gehen und sich im Nacken verspannen.
Wirkung:	Reiten mit Halsring macht Pferd und Reiter Spaß! Beide lernen, zwangloser zusammenzuarbeiten. Das Pferd geht freier, entspannt sich im Nacken und verlängert die Tritte. Die Reiterin lernt, zügelunabhängig im Gleichgewicht zu sitzen.
Vorsicht !	Halsringreiten immer nur in einem fest umzäunten Reitplatz oder in einer Reithalle. Die langsame Umstellung und Gewöhnung muß von einem erfahrenen Helfer unterstützt werden.

Zur Linkswendung legst du den Halsring an der rechten Seite an und gibst mit der rechten Hand etwas Druck, während die linke Hand ihn leicht anhebt.

Richtung Pferdebrust und stecke es von hinten durch die Schlaufe, die um den Hals liegt. Die Schlaufe, die ich gerade gemacht habe, lege ich um den Nasenrücken des Pferdes, und zwar so, daß das Ende des Seils an der anderen Seite des Pferde-

1 **Die Umstellung.** Aus einer Fahrleine schlinge ich ein Halfter. So kann ich Talia zu Anfang führen.

2 Die schrittweise Umstellung gibt Sicherheit. Drummerboy reagiert willig auf Talias Hilfen.

3 Die Führleine liegt um den Hals, und ich gehe vorsichtshalber noch mit.

4 „Du kannst durch den Halsring, das Schließen des Oberschenkels und mit einem Stimmsignal anhalten."

5 Sogar im Trab kann Talia Drummerboy jetzt nur mit dem Halsring und ohne fremde Hilfe lenken.

✳ Zum Anhalten sind es drei Signale:
1. Du nimmst den Ring hoch an den Hals des Pferdes und gibst dort durch leichtes Zupfen das Signal zum Anhalten.
2. Du schließt gleichzeitig die Oberschenkel und machst dich dadurch im Sattel leichter.
3. Du gibst ein Stimmsignal, wie „Hoooo".

✳ Wenn das Pferd den Signalen zum Anhalten folgt, nehme ich die Schlaufen des Seils von seiner Nase und halte es locker aus etwa 4 m Entfernung.

✳ Wenn das Halsringreiten im Schritt und Trab klappt, kann ich das Seil abnehmen, und Talia reitet allein. „Das ist ja ein tolles Gefühl!" Talia

kopfes herunterhängt. Dann mache ich eine weitere Schlaufe und lege sie über die erste Schlaufe auf dem Nasenrücken.

✳ Ich führe Talias Pferd noch ein wenig, während sie die besonderen Hilfen zum Reiten mit Halsring übt, die ich ihr erklärt habe.

1 **Hilfengebung:** Um das Wenden zu unterstützen, tippst du dein Pferd an der Seite des Kopfes an.

2 „Gut gemacht, Mandy!" Der Quarterhorsewallach Gordi kennt Signale mit dem Zauberstab aus der Bodenarbeit und versteht, was Mandy von ihm möchte. Er wird heute das erste Mal mit einem Halsring geritten!

ist begeistert. „Das muß ich unbedingt zu Hause mit Oliver ausprobieren. Der mag das bestimmt."
Sie lobt Drummerboy ausgiebig. „Du hast es wirklich schnell gelernt."

„Der Halsring hilft Pferden, sich zu strecken und zu entspannen. Ich denke da gerade an Justyn Thyme. Der dreizehnjährige Wallach gehörte zum deutschen Goldmedaillenteam der Vielseitigkeit bei der Olympiade in Seoul. Sein Reiter, Claus Erhorn, bat mich, mit ihm zu arbeiten. „Er ist in letzter Zeit etwas steif geworden", erzählte er mir. „In der Schulter und im Rücken ist er nicht mehr so beweglich wie früher."
Ich sah Claus Erhorn beim Reiten auf Justyn Thyme zu. Selbst am hingegebenen Zügel konnte der Wallach sich nicht strecken. Ich arbeitete mit dem TTouch und ritt ihn danach mit Halsring. Ohne die Trense konnte Justyn Thyme sich plötzlich lösen und endlich den Hals langmachen! Seine Bewegungen wurden flüssiger, der Rücken schwang elastischer, und er konnte freier aus der Schulter gehen. Einige Wochen lang ritt Claus Erhorn ihn regelmäßig mit Halsring. Bald darauf gewannen sie die Dressurprüfung einer internationalen Vielseitigkeit - Justyn Thyme hatte zu seiner alten Form zurückgefun-

6 Mandy sitzt zügelunabhängig im Balancesitz im Gleichgewicht und lenkt ihr Pferd mit leichter Hand im Trab über den Halsring. Pferd und Reiterin arbeiten gut zusammen und haben viel Spaß an dieser neuen Erfahrung.

den, ja, er war sogar noch besser geworden!"

Springen mit Halsring

„Können wir mit dem Halsring springen?" fragt Shanti.
„Aber sicher!" Ich erinnere mich noch gut daran, wie ich als junges Mädchen meine Stute Angel so sprang. In den sechziger Jahren gaben mein Mann Went und ich mit unseren Schülern auf großen Turnieren Springvorführungen ohne Zaumzeug. Dabei ritten wir ungarische Warmblutpferde – eine Stute, einen

Wallach und zwei Hengste. Unsere Vorführungen erregten Aufsehen und Bewunderung.
Jahre später gab ich eine Springvorführung ohne Sattel und Zügel in der Hop Top Show der Equitana. Die Zuschauer waren völlig aus dem Häuschen, daß hier jemand ohne Trense ritt. „Das gibt es doch nicht! Sie muß einen Trick haben!"
Ich hörte, daß einige vermuteten, ich hätte den Pferden die ganze Nacht die Zunge an den Unterkiefer gebunden, um sie so gefügig zu machen. Kaum jemand konnte glauben, daß man eine so gute Beziehung zu seinem Pferd haben konnte.

3 Mandy biegt ihr Pferd um den inneren Schenkel und reitet eine kleine Volte nach rechts.

4 „Zum Anhalten nimmst du den Halsring hoch an den Hals. Gib dort pulsierende Signale und ...

5 ... tipp dein Pferd von vorn an die Schulter! Lob es, wenn es steht und laß den Halsring gleich wieder locker.

Heute ist das Halsringreiten in Deutschland, Österreich und der Schweiz weit verbreitet und selbstverständlich geworden. Ich bin glücklich, wenn ich daran denke, wie viele Reiter und Pferde dadurch eine tiefere Beziehung zueinander gewonnen haben. Denn nur wer die Kunst beherrscht, sich ohne Zwang mit seinem Pferd zu verständigen, kann es auch im Halsring reiten. Es ist ein wundervolles Gefühl, sein Pferd ohne Trense lenken zu können, ein Ausdruck von Harmonie und Freundschaft.

1 Ich stelle Pferde gern auf den Halsring um. Die Trense werde ich gleich schon nicht mehr brauchen.

2 Im Trab im Balancesitz: Xanidu geht in schönem Gleichgewicht schwungvoll vorwärts und folgt meinen Hilfen gern.

3 Galoppieren mit Halsring macht uns beiden besonders Spaß! Meine Stute genießt die Kopffreiheit ohne Zäumung.

4 Alle reiten mit Halsring! Niemand will aufhören, und so reiten wir bis zum Anbruch der Dunkelheit.

Mandy trabt auf Gordi über die Stangen. Ihre Haltung ist vorbildlich, die Knie zeigen gerade nach vorn.

„Und jetzt eine Hand zur Seite hinaushalten! So ist es schön, Mandy!" Gordi trabt taktklar geradeaus.

„Heute traben wir am Anfang noch einmal über die Stangen!" rufe ich den Kindern zu.

Nachdem das wirklich gut geht, baue ich einen kleinen Sprung aus gekreuzten Stangen auf. Davor lege ich wieder Stangen aus. Je nach Größe des Pferdes sollten die Stangen einen Abstand von 1,20 m–1,50 m haben. Für ein Pony ist 1,20 m meist richtig, für ein Pferd mittlerer Größe 1,50 m. Die letzte Stange vor dem Sprung sollte in einem Abstand von etwa drei Metern zum Hindernis liegen.

So eilen die Pferde nicht auf den Sprung zu, sondern traben gleichmäßig und ruhig. Sie lernen, gerade

△ Xanidu springt auch mit dem Halsring willig über die gekreuzten Stangen. Ich gehe in der Bewegung mit und halte den Halsring locker in der Hand.

Gordi sucht sich seinen Absprung selbst und hält von alleine auf die Mitte des Hindernisses zu. Dabei hilft ihm auch die Stange vor dem Sprung. ▷

Die Kinder sitzen so sicher im Gleichgewicht, daß sie über dem Sprung einen Arm zur Seite halten.

Drummerboy legt die Ohren an: Der ranghöhere Aeron kommt ihm etwas zu nahe und verunsichert ihn.

auf das Hindernis zuzugehen und über die Mitte zu springen – und zwar selbständig. Nur wenn es von der Mittellinie abkommt, korrigiert die Reiterin ihr Pferd.

Die Kinder sitzen so sicher, daß sie die Hände zur Seite hinaushalten und sogar in Paaren nebeneinander springen.

„Jetzt könnt ihr noch eine Atemübung machen", schlage ich vor. „Zählt beim Anreiten die Huftritte laut mit: Eins, zwei, drei, vier, Sprung! So haltet ihr bestimmt über dem Sprung die Luft nicht an."

„Ist es denn so schlimm, wenn man mal die Luft anhält?" fragt Shanti.

„Probier es aus", schlage ich vor. „Spring einmal und halte absichtlich die Luft an. Dann springst du und atmest beim Sprung aus. Du darfst dabei sogar singen!"

Shanti reitet an und springt.

„Wenn ich die Luft anhalte, werde ich steifer und kann nicht so gut mitgehen", sagt sie erstaunt.

Nun springt sie wieder und zählt dabei laut. „Das geht wirklich besser und macht Spaß!" ruft Shanti

und galoppiert mit blitzenden Augen noch einmal auf das Hindernis zu. Es gibt kein Zögern, keine Unsicherheit. Sie weiß, daß sie sich auf Aeron verlassen kann. Schon fliegen sie über den Sprung. Shanti nimmt Aeron in den Schritt zurück und lobt ihn: „Das hast du aber wirklich gut gemacht!"

Aeron prustet und macht einen Augenblick den Hals lang. Dann spitzt er aufmerksam die Ohren. „Und was machen wir jetzt?" scheint er uns zu fragen.

Mandy reitet Cody

Einen Tag später reiten wir noch einmal die Pferde in Aspengrove. Mandy sitzt diesmal auf dem Quarterhorse Cody.

„Sein Hals ist so verspannt, was mache ich da nur?" Mandy kommt mit dem Fuchswallach zu mir.

Ich sehe mir Cody an. Er geht mit einem Hirschhals und scheint im Genick nicht nachgeben zu können. Mandy reitet ihn auf Trense.

„Nimm einen Balancezügel dazu", rate ich ihr.

„Wie bist du eigentlich auf diese Balancezügel gekommen?" fragt Allison, die zuschaut.

„Not macht erfinderisch", sage ich

lächelnd. „Einmal hatten wir bei einem Kurs ein sehr schwieriges, großes Warmblutpferd. Es entzog sich jeglicher Art von Zügelhilfen, indem es den Hals verdrehte und so einfach immer weiter lief. Es war ein wertvolles Pferd, aber weil es als unreitbar galt, war es von einem Turnierstall zum anderen verkauft worden. Ich ritt es mit dem Rollergebiß, aber auch damit hatte ich keinen rechten Erfolg. Noch immer verdrehte das Pferd den Hals und ging viel zu heftig vorwärts. Da kam mir auf einmal eine Idee. Ich nahm den unteren Zügel des Rollers nach vorne über den Kopf und legte ihn

Cody geht mit Hirschhals und neigt dazu, den Rücken wegzudrücken.

1 Mandy greift nach vorne und macht den TTouch am Hals. Cody gibt im Genick nach, sein Hals rundet sich.

2 „Nimm einen Balancezügel dazu!" Damit verbessert sich Codys Halshaltung im Schritt.

3 Im Trab fällt er in seine alte Gewohnheit zurück, nimmt den Kopf hoch und verspannt Hals und Rücken.

4 Als Mandy seinen Hals berührt, erinnert er sich an das Gelernte, gibt im Genick nach und tritt besser unter.

Lindas Tip

Balancezügel richtig halten

Es ist zu Anfang gar nicht so leicht, den Trensenzügel und den Balancezügel gleichzeitig in einer Hand zu halten. Auf den Fotos zeige ich dir zwei Möglichkeiten:
a) Du willst den Balancezügel nicht stark, sondern nur unterstützend einsetzen.
b) Du willst dein Pferd mehr über den Balancezügel und weniger über das Gebiß reiten.
Welche Handhaltung du auch wählst, es ist angenehmer für dich, bei dieser doppelten Zügelführung Handschuhe zu tragen.

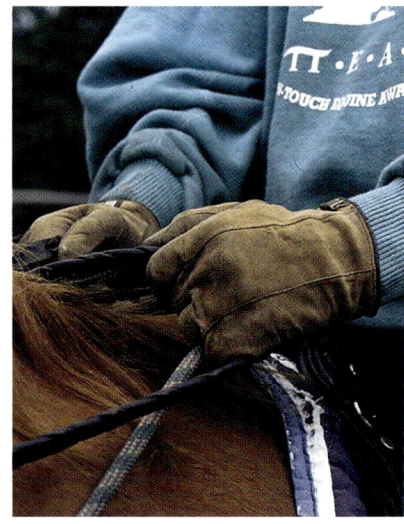

a) Du hältst den Balancezügel zwischen dem kleinen Finger und dem Ringfinger, wenn du ihn nicht stark, sondern nur unterstützend zum Gebiß einsetzen willst. Der Trensenzügel läuft dann außen am kleinen Finger entlang.

b) Möchtest du dein Pferd aber mehr über den Balancezügel und weniger über das Gebiß beeinflussen, dann nimmst du den Balancezügel unter den kleinen Finger und den Trensenzügel zwischen kleinen Finger und Ringfinger.

um den unteren Hals. Ich verwendete ihn wie einen zweiten Zügel. Auf einmal reagierte das Pferd ganz anders: Ich konnte sein Tempo verlangsamen, und es verdrehte den Hals nicht mehr. Es gab den Rücken her und ließ sich wunderbar reiten. Ich nannte meine neue Erfindung ‚Balancezügel', weil er diesem Pferd half, ins Gleichgewicht zu kommen."

„Soll ich ihn mehr über die Trense oder mehr über den ‚Balancezügel' reiten?" will Mandy wissen.

„50% Balancezügel und 50% Trense finde ich am Anfang gut. Außerdem kannst du dich ab und zu vorbeugen und vom Sattel aus mit einer Hand seinen Mähnenkamm leicht massieren. So kann er lernen, den Hals zu strecken. Wenn Cody Schwierigkeiten hat, sich in den Ecken zu biegen und sie abkürzen will, kannst du ihn mit dem Balancezügel korrigieren. Du legst ihn leicht an die Innenseite des Halses an, so daß er in der Kurve nicht über die Schulter nach innen fällt, sondern sich biegt."

Mandy macht ihre Sache sehr gut. Im Schritt geht Cody nun schon viel besser. Aber im Trab fällt er wieder in seine alte Angewohnheit zurück und verspannt sich.

Lindas Tip

Breiter Balancezügel

Manche Pferde reagieren noch besser auf die Hilfen mit dem Balancezügel, wenn er breiter am Halsansatz aufliegt. Du kannst ihn dir aus einem Seil, wie Bergsteiger es benutzen, nach den Fotos in Luftmaschen „häkeln" (ohne Nadel, mit der Hand). Die Stellen, an denen du ihn beim Reiten mit den Händen greifst, läßt du ohne Schlaufen, damit du sie gut fassen kannst.

Auf einen Blick

Reiten mit dem Balancezügel

Was ist das?

Ein ca. 2 m langes Seil von 1 cm Durchmesser, das das Pferd als Ring um den Hals trägt.

Wozu:

Für Pferde, die leicht zu schnell werden und sich mit dem Gebiß gar nicht oder nur schwer zurückhalten lassen; für Pferde, die hart im Maul sind, auf der Vorhand oder über dem Zügel gehen und den Rücken nicht hergeben; für Pferde mit Hirschhals.

Wirkung:

Der Balancezügel wird zum Trensenzügel dazugenommen und wirkt über die Brustmuskulatur des Pferdes auf den Rücken und macht ihn elastischer. Der Schwerpunkt des Pferdes verlagert sich weiter nach hinten, es setzt die Hinterhand vermehrt ein und tritt besser unter. So kann es langsamer werden und sich selbst und dich besser tragen. Das Pferd kommt ins Gleichgewicht.

Vorsicht ❗

Der Balancezügel muß richtig angepaßt sein. Er darf nicht zu lang sein, sonst mußt du die Hände zu hoch oder zu weit nach hinten nehmen, was dich bei der Zügelführung stört und dich sogar aus dem Gleichgewicht bringen kann. Wenn dein Pferd im Halsbereich berührungsempfindlich ist, probiere es mit einem breiteren Balancezügel, den du dir aus einem Seil knüpfen kannst (s. Lindas Tip).

Reiten mit Rollerbit

Was ist das? Ein Trainingsgebiß, das in der Mitte eine kleine Kupferrolle hat, mit der die Pferde gerne spielen – daher auch der Name. Der Roller hat lange, gebogene Anzüge, eine Kinnkette und wird normalerweise mit vier Zügeln geritten.

Wozu: Zur Korrektur von Pferden mit Hirschhals; Pferde, die hart im Maul sind, das Gebiß nicht annehmen oder nicht kauen; für Pferde, die scheuen, buckeln, zu heftig sind und sich im Rücken festmachen.

Wirkung: Der Roller wirkt ähnlich wie eine Kandare durch das Stangengebiß, die Kinnkette und die langen Anzüge mit Hebelwirkung auf den Unterkiefer und das Genick des Pferdes. Es rundet den Hals leichter, gibt den Rücken her und tritt besser unter.

Vorsicht ! Den Roller darfst du nicht wie eine Trense gebrauchen! Beide Zügel, vor allem aber der untere, dürfen nicht anstehen, sondern sollen eine weiche Verbindung zum Pferdemaul haben und werden nur mit leichter Hand eingesetzt. Wer es gewohnt ist, mit anstehenden Zügelfäusten schulmäßig zu reiten, braucht unbedingt die Anleitung eines erfahrenen Lehrers, um mit diesem Gebiß richtig umzugehen. Nur für Reiter mit wirklich weicher Hand geeignet! Sonst nimmt dein Pferd die Nase hinter die Senkrechte, es geht hinter dem Zügel auf der Vorhand, und damit ist die gute Wirkung des Rollers ins Gegenteil verkehrt.

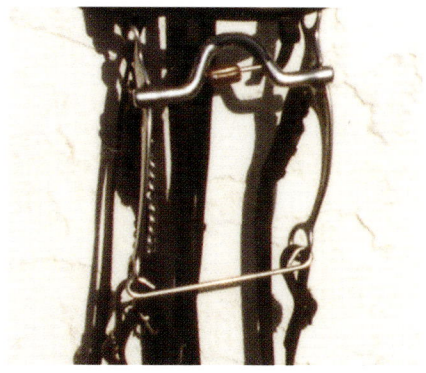

So sieht das Rollerbit aus: eine Stange mit beweglicher Kupferrolle.

So bitte nicht! Die Handgelenke sind abgebogen, die Daumen flach, die Hand ist zur Faust geschlossen.

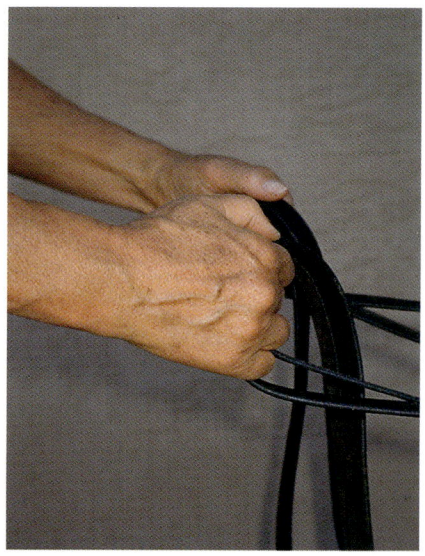

So hältst du die Zügel des Rollerbits richtig: Gerade Handgelenke, Finger weich geschlossen, Daumen als Dach.

„Versuchen wir es doch ruhig einmal mit dem Rollerbit", schlage ich deshalb vor.
„O ja, ich bin noch nie damit geritten", stimmt Mandy gleich zu.
Wir zäumen Cody auf das Rollerbit, auch Trainingsgebiß genannt. Er wirkt ganz anders als eine Trense. Der Roller wird mit vier Zügeln geritten und hat eine kleine Kupferrolle in der Mitte der Stange. Die meisten Pferde mögen diese Rolle gerne, spielen mit ihr und speicheln gut ein. Der Roller wirkt durch die Kinnkette und die langen Anzüge auf den Unterkiefer und das Genick des Pferdes. Natürlich muß er richtig angepaßt sein. Die Stange liegt so im Pferdemaul, daß eine deutliche Falte am Mundwinkel entsteht. Achte darauf, daß die Stange auf keinen Fall gegen die Hakenzähne des Pferdes drückt. Die Kinnkette sollte so geschnallt sein, daß die Stange des Rollerbits bei angenommenem unteren Zügel einen Winkel von 45 Grad zur Maulspalte bildet. Die Kinnkette sollte breit sein und muß flach liegen.

Die meisten Pferde bekommen durch den Roller einen elastischeren Rücken, können im Genick besser nachgeben und mit der Hinterhand stärker untertreten.

„Linda! Schau, wie gut Cody geht!" ruft Mandy nach einer Weile zufrieden. Mandy hat eine sehr weiche, sensible Hand und das nötige Fingerspitzengefühl für schwierige Pferde. Ein Roller gehört natürlich nur in die Hände einer Reiterin, die nicht riegelt, sondern leichte Hilfen aus den Fingergelenken geben kann.

„Ob ich ihn nun mit dem Halsring reiten sollte?" fragt Mandy, nachdem Cody mit dem Roller so gut geht. Er gibt im Genick nach, wölbt den Hals, tritt mit der Hinterhand unter und ist im Gleichgewicht.

Also wechseln wir wieder die Zäumung und tauschen den Roller gegen den Halsring aus, den Cody schon kennt. Auch mit dem Halsring geht Cody jetzt gut. Welche Veränderung! Oft dauert es gar nicht lange, bis ein Pferd etwas Neues gelernt hat. Viele Menschen denken, daß Pferde dumm sind und nur durch ständige Wiederholung lernen. Auch ich hatte das oft gehört. Aber in meiner Feldenkrais-Ausbildung erfuhr ich, daß auch Menschen, die immer dasselbe wiederholen oder alte Gewohnheiten nicht loswerden, durch eine einzige Übung etwas Neues lernen können. Was für ein faszinierender Gedanke! Ich habe immer wieder die Erfahrung gemacht, daß auch Pferde in der Lage sind, sehr schnell zu lernen – viel schneller, als die meisten Menschen es für möglich halten. Pferde werden oft lange longiert und mit dem ständigen Wiederholen von Aufgaben gelangweilt. Manche Pferde wehren sich gegen die langweilige Routine – und oft genug begreifen die Menschen nicht, weshalb. Aber stell dir vor, wie unangenehm es sein muß, etwas, das du kannst und verstanden hast, immer noch mal zu wiederholen.

Cody hat diese Lektion mit allen Schritten in einer dreiviertel Stunde gelernt! Ein schöner Erfolg für Pferd und Reiterin!

Angie meint

Wenn dein Pferd beim Reiten auf einmal nicht so recht vorwärts will, den Rücken weggedrückt und dauernd die Ohren anlegt, hat es vielleicht Schmerzen! Bist du am Tag davor besonders weit geritten oder auf einem Turnier gewesen? Auch Pferde haben Muskelkater!

Und viele Pferde, die buckeln, durchgehen oder aggressiv sind, werden nur durch Schmerzen zu solchem Verhalten getrieben. Deshalb darfst du es auch nicht strafen. Ehe du also ein Pferd als schwierig oder gar bösartig abstempelst, untersuche seinen Körper genau auf schmerzende Stellen. Du würdest sicher auch nicht gern einen schweren Rucksack tragen, wenn du Rückenschmerzen hättest, oder? Mit dem TTouch kannst du Pferden, die Schmerzen haben, Erleichterung schaffen und ihnen so helfen.

Codys Haltung hat sich in kurzer Zeit verbessert! Mit Halsring entspannt der Wallach seinen Rücken und tritt schwungvoll unter. So fühlen Pferd und Reiterin sich in allen Gangarten wohler. Ein schöner Erfolg!

Reiten auf den Isländern

Unseren letzten Tag verbringen wir mit den Isländern. Als wir ankommen, arbeitet Robyn gerade mit einer jungen Stute. „Sie ist etwas unsicher um die Hinterhand herum und hat zuwenig Körpergefühl", sagt sie. „Ich möchte ihr deshalb eine elastische Binde als Körperband anlegen." „Diese TTEAM-Methode ist für euch sicher interessant", meine ich. Die Kinder schauen zu, während ich Robyn mit dem Körperband helfe. Zuerst ist die hübsche Fuchsstute noch etwas unsicher, aber sie entspannt sich schnell. „Durch das Körperband fühlen sich Pferde sicherer und spüren ihren Körper besser. Das beruhigt ein Pferd

beim Schmied oder Tierarzt." „Kann man Pferde mit so einem Band auch reiten?" fragt Geoff. „Ja, das kann man. Wenn Pferde im Gelände unsicher sind oder leicht scheuen, hat sich das Körperband schon oft bewährt."

„Wir reiten doch noch einmal, oder?" fragt Talia. „Aber sicher!" Ich weiß, wie sehr die Kinder sich noch eine Reitstunde wünschen. Sie holen die Pferde, putzen und satteln. „An welche Hilfen sind die Islandpferde denn gewöhnt?" fragt Claire, nachdem sie aufgesessen ist. „Sie werden doch nicht genau geritten

wie unsere Reitschulpferde, oder ?" „Nein, sie sind ein bißchen anders ausgebildet. Ich zeige dir gleich einmal, wie du mit ihnen anreitest. ✽ Du gibst mit dem Unterschenkel leichten Druck und läßt dann wieder los. Dein Pferd tritt beim Loslassen an, nicht beim Drücken. ✽ Deine Hand öffnet sich leicht, um dem Pferd das Vorwärtsgehen zu ermöglichen. ✽ Nun machst du dich im Sattel ein wenig leichter und gibst dem Pferd etwas den Rücken frei." „Das habe ich aber anders gelernt", meint Talia. „Wir setzen uns zum Anreiten in den Sattel ein und treiben das Pferd mit Kreuz und Schenkeln nach vorne gegen den Zügel." „So kannst du natürlich auch reiten. Es ist wie eine andere Sprache. Du weißt ja, daß es viele verschiedene

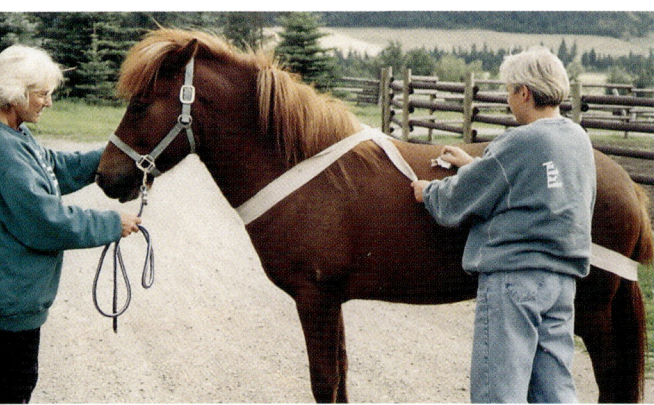

1 Die junge Islandstute hat noch kein gutes Körpergefühl. Deshalb arbeitet Robyn mit dem Körperband.

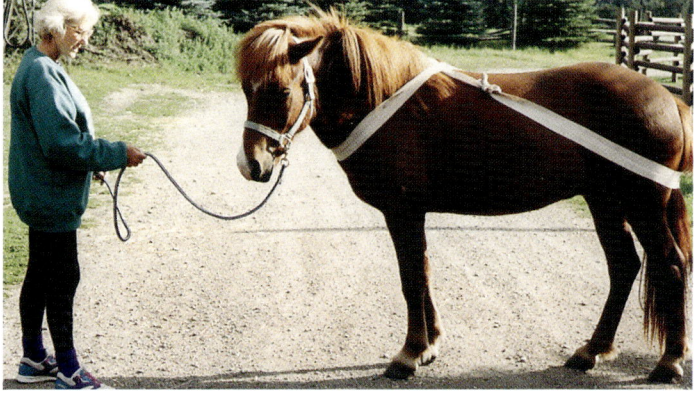

2 Glettas Ohr ist aufmerksam nach hinten gerichtet: Was ist da Merkwürdiges um meine Hinterhand?

3 Gletta bleibt ein wenig nervös, deshalb legen wir das Körperband anfangs erst über ihren Schweif.

4 Nun hat die junge Stute sich an das Körperband gewöhnt, und wir können es auch unter den Schweif legen.

Das Körperband beim Reiten

Nachdem du dein Pferd vom Boden aus mit dem Körperband vertraut gemacht hast, kannst du es auch mit dem Körperband reiten. Natürlich darf das Band dabei nicht unter dem Sattel liegen und drücken! Das Körperband hat sich bei Pferden bewährt, die schreckhaft sind, ihre Hinterhand nicht gut untersetzen und den Rücken wegdrücken.

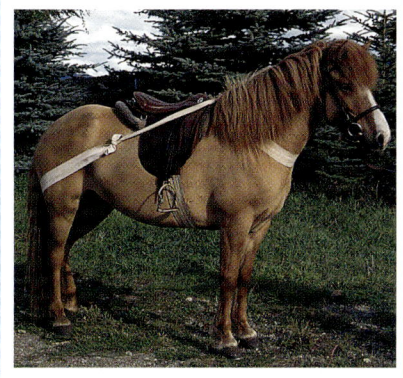

Zum Schluß gibt es noch eine Reitstunde auf Robyns Isländern. Wir reiten hintereinander und haben ein paar Stangen ausgelegt. In Schlangenlinien geht es durch die Abteilung, so daß jeder einmal an der Tete reiten darf.

Sprachen gibt. ‚Thank you' und ‚Danke' sind verschiedene Wörter, die das gleiche bedeuten. So ist es beim Reiten auch. Bei verschiedenen Reitstilen benutzen wir unterschiedliche Hilfen, um anzureiten. Die Hilfen, die ich dir gezeigt habe, eignen sich besonders für junge Pferde und Pferde, die nicht versammelt geritten werden. Die Islandpferde gehen im Gleichgewicht, werden aber nicht versammelt wie ein Dressurpferd geritten."
Claire probiert die Hilfen aus und kommt gut mit ihrem Wallach zurecht.
„Und wie halte ich an?" fragt sie.
„Zum Anhalten schließt du den Oberschenkel und den oberen Teil der inneren Wade. Gleichzeitig gibst du halbe Paraden. Die Paraden kommen wirklich nur aus den drei Fingergelenken und einer weichen Bewegung des Handgelenkes."

„Das geht ja prima!" ruft Claire begeistert, als ihr Pferd gehorsam anhält.
Wir reiten zum Labyrinth hinüber.
„Hier kannst du gut Wendungen üben. Dazu gibst du deinem Pferd folgende Hilfen:
✳ Vor der Kurve nimmst du beide Zügel etwas kürzer. Am äußeren Zügel mußt du etwas nachgeben, während du mit dem inneren Zügel das leichte Signal zur Wendung gibst.
✳ Nun biegst du dein Pferd um den inneren Schenkel.
✳ Der äußere Schenkel liegt etwas weiter zurück verwahrend am Gurt, um ein Ausweichen der Hinterhand zu verhindern.
✳ Dein Becken drehst du in die Richtung, in die dein Pferd geht."
Claire reitet ihr Pferd durch das ganze Labyrinth, ohne anzustoßen.

„Jetzt reiten wir in der Abteilung und machen eine Übung, die ich ‚Ein- und Ausfädeln' nenne. Dabei müßt ihr jeweils zwei Pferdelängen Abstand zum Vorderpferd halten und genügend Abstand zur Außenseite

Mein Pferd geht nicht vorwärts

Oft sehe ich Reiter, die mit dem Po schieben und ihr Pferd mit den Absätzen in die Seiten klopfen, um es vorwärtszutreiben. Meistens wirft das Pferd dann den Kopf hoch und drückt den Rücken weg. Das ist für Pferd und Reiter eine unangenehme Situation. Besser ist es, wenn du beide Zügel in eine Hand nimmst und dem Pferd den Kopf frei gibst, während du es mit der Gerte in der anderen Hand gezielt antreibst. So reißt du deinem Pferd nicht ungewollt im Maul, wenn du mit der Gerte nach hinten reichen willst. Du solltest es an der Hinterhand oder hinter deinem Bein antippen, um ihm ein Signal zum Vorwärtsgehen zu geben. Besonders, wenn dein Pferd dieses Signal von der Bodenarbeit schon kennt, und du es mit einem Stimmkommando verstärkst, wird es verstehen, was du von ihm willst.

Quadrillereiten
will gelernt sein.
Nebeneinander
geht es hier über
die Stangen.

Die Übungen machen Spaß, und
die Kinder verbessern ihren Sitz und
die Hilfengebung
spielerisch.

In der Kurve muß
Shanti ihr Pferd
verlangsamen,
während mein
Pferd etwas
schneller gehen
muß, damit wir
auf einer Linie
bleiben.

„In Paaren
nebeneinander!
Achtet auf die
Abstände! Gut,
Shanti, treib energisch vorwärts, damit du auf gleiche
Höhe zu Claire
kommst!"

der Bahn, damit noch ein Pferd vorbeikommen kann. Die letzte Reiterin trabt an und reitet in Schlangenlinien durch die ganze Abteilung, bis sie an der Spitze ist. Nun muß sie nach hinten schauen und dann im Abstand von zwei Pferdelängen vor dem ersten Pferd wieder Schritt gehen."
Die Kinder probieren diese Übung aus, und es zeigt sich, daß sie einiges an reiterlichem Können erfordert: Man muß Abstände und Tempo gut einschätzen und sehr genau reiten. Noch schwieriger wird es, wenn die Abteilung dabei trabt! Und für die ganz Geübten kann man diese Übung auch so machen, daß die Reiterinnen aufeinander zu reiten!
Die Reiterin lernt dabei, ihre Hilfen mühelos einzusetzen, und die Pferde lernen, unabhängig von den anderen zu gehen.
„Das ist sicher auch eine gute Übung für Kleber!" ruft Shanti. „In meiner Reitschule gibt es ein Pferd, das gar nicht gern von den anderen weggeht."
„Wenn du mit ihm öfters diese Übung machst, wird das Pferd lernen, nicht mehr zu kleben. Auch im Gelände kannst du ihm beibringen, ohne die anderen Pferde zu gehen: Du reitest weiter, während ein anderes Pferd anhält und umgekehrt. Ihr könnt Volten in verschiedene Richtungen reiten und euch einmal bei einer Wegkreuzung trennen. Mit der Zeit kannst du diese Übungen verlängern und weiter von den anderen Pferden wegreiten. So kann dein Pferd lernen, nicht mehr zu kleben!"

Zum Abschluß gehen wir ein paar Runden auf die Ovalbahn und tölten. Morgen besuchen Mandy, Robyn und Phil mit einigen ihrer Pferde ein großes Turnier, bei dem sie an Gangpferdeprüfungen teilnehmen werden. Der Tölt ist wunderbar weich zu sitzen. Geoff nimmt sogar ein Glas Wasser in die Hand und kann es so ruhig halten, daß er keinen Tropfen verschüttet!

Formationsreiten und Quadrille

Was ist das? Verschiedene Übungen, bei denen die Reiter paarweise, oder auch hintereinander verschiedene Figuren reiten.

Wozu: Diese Übungen machen Spaß! Und sie sind zu mehreren nebeneinander auch gut für Vorführungen geeignet.

Wirkung: Die Pferde lernen, nicht zu kleben, sondern deinen Hilfen zu folgen. Und du selbst übst dabei: Hilfen korrekt geben, Tempo und Abstände richtig einschätzen, präzise, eigenständig und doch mit Rücksicht auf andere zu reiten.

Vorsicht ! Besonders im Trab oder Galopp mußt du gut aufpassen, damit es nicht zu Zusammenstößen kommt. Also: Nicht einfach drauflosreiten, sondern die anderen immer im Auge behalten und auf genügend Abstand achten! Wenn ihr Paare bildet, müssen die beiden Pferde sich gut verstehen.

Die Botschaft der Tiere

Nun heißt es Abschied nehmen: Claire und Shanti müssen abreisen! „Ich möchte euch ein kleines Geschenk mitgeben", sage ich und hole meinen Beutel mit kleinen Tieren aus Halbedelsteinen hervor. „Ihr wißt vielleicht, daß es bei vielen Indianerstämmen Totemtiere gab. Ein Totemtier war der Schutzgeist des Menschen, der von ihm träumte. Manchen begegnete ihr Totem auch in einer Vision. Wenn jemand einen Büffel als Totem hatte, wachte der Geist des Büffels über diesen Menschen, war sein Verbündeter und gab ihm Kraft und Schutz. Inzwischen haben die Zeiten sich geändert. Überall sind Tierarten vom Aussterben bedroht und werden durch uns Menschen aus ihrem Lebensraum verdrängt. Viele Tiere auf unserer Erde sind in großer Not. Sie brauchen deine Hilfe! Deshalb ist es an der Zeit, daß wir unsere Tiere schützen und ihr Totem, ihre Botschafter werden. Jeder darf sich aus meinem Beutel ein Tier aussuchen. Dieses Tier vertraut sich so deinem Schutz an."

Im flotten Tölt ein paar Runden mit den Isländern auf der Ovalbahn. Diese Gangart wirft den Reiter so wenig, daß Geoff sogar ein Glas Wasser in der Hand halten kann, ohne einen Tropfen zu verschütten!

△ Diese kleinen Tiere schenke ich den Kindern zum Abschied.

„Ich habe einen Seehund!" freut sich Amadeus. ▷

Die Kinder geben den Beutel reihum und greifen mit geschlossenen Augen hinein.

„Ich habe einen Delphin!" ruft Shanti und hält ihr kleines Tier hoch.

„Ich habe eine Eule!" sagt Claire. Die Kinder zeigen sich ihre Tiere und freuen sich sehr. „Ich werde gut auf meinen Delphin achtgeben", verspricht Shanti, als sie mich zum Abschied umarmt.

„Sicher wirst du eine wundervolle Botschafterin der Tiere werden", sage ich. „Du kannst viel für sie tun!"

„Und für Pepper! Er wird sich bestimmt freuen, daß ich diesen Kurs mitgemacht habe! Wetten, daß er die Ohrenarbeit besonders mag? Ich kann es kaum erwarten, alles was ich hier gelernt habe, auszuprobieren!"

Auch du kannst wie Shanti eine Botschafterin der Tiere werden! Auf S. 115 erfährst du mehr darüber und findest auf S. 119 eine Urkunde dazu.

Bis wir uns alle verabschiedet haben, ist es später Nachmittag geworden.

„Jetzt möchte ich am liebsten ausreiten!" ruft Mandy.

Auch Geoff, Allison und Talia sind von der Idee begeistert. Bald schon ziehen die vier auf ihren Pferden los. Vorher haben sie Hilmar gebeten, zu fotografieren, wie sie in das goldene Abendlicht hineinreiten und allen Lesern des Buches zuwinken: „Auf Wiedersehen!"

„Auf Wiedersehen und vielen Dank!" Allison auf Eyglo, Talia auf Sleipnir, Mandy auf Djarfur und Geoff auf Stjarna winken zum Abschied und reiten davon. Sie wollen die gemeinsame Zeit mit einem Ausritt ausklingen lassen.

Warum TTEAM gut für mich ist

10 Argumente, um Eltern zu überzeugen

1. Bei TTEAM kommt man mit Freundlichkeit zum Erfolg. Hier geht es um klare Verständigung mit dem Pferd, so daß Schreien oder Strafen überflüssig werden.

2. Durch das Reiten und den Umgang mit Pferden gewinne ich Selbstvertrauen und lerne, mich mit sanften Mitteln durchzusetzen.

3. TTEAM schult mein Körpergefühl und Gleichgewicht, weil bei vielen Übungen beide Gehirnhälften aktiviert werden. Das Denken und Fühlen werden zusammen gefördert, die Koordination der Bewegungen wird verbessert und so das Lernvermögen insgesamt gesteigert.

5. Ich lerne durch die Schritt-für-Schritt-Arbeit, Unsicherheit und Angst zu überwinden und auch schwierige Situationen zu meistern.

6. Ein Pferd ist wie ein Spiegel und zeigt mir durch sein Verhalten und seine Reaktionen, wie es behandelt werden will. Ich lerne, die Persönlichkeit und die besondere Art eines anderen Lebewesens zu achten. Nur so entstehen wirkliche Partnerschaft und Freundschaft.

7. Ich lerne, auf mich und andere zu achten, meine Grenzen zu erkennen und mich zu behaupten. Gleichzeitig erfahre ich die Grenzen eines anderen und respektiere sie.

9. Auch wenn ich mich noch so ärgere, darf ich im Umgang mit Pferden nicht die Geduld und Selbstbeherrschung verlieren. Ich lerne, besser mit Ärger und Mißerfolgen umzugehen und mich nicht entmutigen zu lassen.

10. Mit TTEAM habe ich Spaß und Erfolgserlebnisse. Ich bin mit anderen Menschen zusammen, die einen sanften Umgang mit Tieren und der Natur pflegen und sich gegenseitig achten und fördern.

4. Mit TTEAM erfahre ich immer wieder, wie wichtig Geduld und Konzentration sind, um an ein Ziel zu kommen.

8. Da jedes Pferd im Umgang und beim Reiten anders ist, lerne ich, mich auf Eigenarten und unterschiedliche Persönlichkeiten einzustellen. Das fördert mein Einfühlungsvermögen.

Kinder brauchen Pferde

Ein Nachwort von Hans Schindler

Als Familientherapeut, Pferdeliebhaber und Vater von fünf Kindern habe ich dieses Buch mit großer Begeisterung gelesen. Es ist in einer verständlichen Sprache geschrieben, vermittelt viele sehr einfühlsame Methoden und macht Kindern Mut, ohne ihnen den notwendigen Respekt und die Vorsicht im Umgang mit Pferden zu nehmen.
Die Beziehung zu Pferden und das Reiten sind für viele Kinder wichtige Erfahrungen in ihrem persönlichen Entwicklungsprozeß.

Im Zusammensein mit Pferden gewinnen Kinder durchweg Selbstvertrauen, wenn sie lernen, sich ihnen mitzuteilen. Oft reicht schon das Gefühl, auf einem Pferd zu sitzen, um Kinder innerlich wachsen zu lassen. Die hier beschriebenen TTEAM-Methoden erlauben es ihnen, sich mit sanften Mitteln verständlich zu machen. Das Meistern von schwierigen Situationen hilft Kindern, Unsicherheiten und Ängste zu überwinden. Sie erfahren, daß diese großen Tiere manchmal auch sehr ängstlich reagieren und daß sie selbst in der Lage sind, die Pferde zu beruhigen. Was die Kinder hier stärkt, kann für sie

auch in anderen Lebenswelten, wie Schule und Freundeskreis oder Clique, hilfreich sein. Gleichzeitig erfahren sie Grenzen, ihre eigenen und die der Pferde.

Die TTEAM-Methode von Linda Tellington-Jones fördert das kindliche Einfühlungsvermögen und die Achtung der Kinder vor den Pferden bzw. anderen Lebewesen. Achtung und Selbstachtung sind dabei wie zwei Seiten einer Medaille: Wer geachtet werden will, muß auch andere achten. So können Kinder lernen, wie echte Partnerschaft und Freundschaft entstehen. Sie merken, daß jedes Pferd eine andere Persönlichkeit hat, und daß die Kommunikation nur funktioniert, wenn sie sich auf diese Besonderheiten einstellen. Von Pferden bekommen sie eine direkte Rückmeldung, die sie intuitiv oder unter Anleitung schnell verstehen. Reiten fördert die Entwicklung von Körpergefühl und Gleichgewichtssinn – das leuchtet jedem unmittelbar ein. Es fördert aber außerdem Geduld, Selbstbeherrschung und Konzentration. Übungen zu wiederholen und sich auf die anstehende Aufgabe zu konzentrieren, lehrt die Kinder

Offenheit, Neugierde, Beharrlichkeit und Überwinden von Hindernissen, schafft aber auch die Voraussetzungen für eine Lernbereitschaft in anderen Lebensbereichen.

Es gibt unzählige erstaunliche Geschichten von Kindern und Pferden: Ein Kind, das außerhalb der Familie das Sprechen verweigerte, flüsterte erstmals einem Isländer „Sch-r-i-t-t" ins Ohr. Als das Pferd sich dann auf den Weg machte, schien der Bann gebrochen. Oder: Ein dicker, behäbiger Junge wurde schon nach kurzer Zeit bei der Bodenarbeit wendiger und begann, neben dem Pferd zu traben. Die Abwandlung des Satzes „Kinder brauchen Märchen" in „Kinder brauchen Pferde" erscheint angesichts unserer verstädterten Wohn- und Lebensweise etwas vermessen. Wenn wir jedoch mehr Möglichkeiten einer Begegnung zwischen Kindern und Pferden schaffen können, so stecken in diesem Satz alle Chancen.

Hans Schindler ist Diplom-Psychologe und Vorsitzender des Instituts für Familientherapie Weinheim e.V. Er lebt mit seiner Familie in Bremen und reitet am liebsten auf seinem fünfjährigen Sardischen Anglo-Araberwallach Merlin.

Kleines Lexikon der TTEAM-Arbeit

Anmut des Geparden
Führposition, die dem Pferd zum Beispiel beim Überschreiten von Stangen am Boden den nötigen Raum läßt, sich nach unten zu orientieren und sich auszubalancieren.

Balancesitz
Bei diesem Sitz, der auf alle Disziplinen anwendbar ist, bleibt der Reiter in den verschiedensten Situationen immer im Gleichgewicht.

Balancezügel
Ein ca. 2 m langes Seil von 1 cm Durchmesser. Um den Hals des Pferdes gelegt, dient er als Hilfsmittel beim Reiten.

Bauchheben
Das Anheben des Bauches zur Entspannung der Bauchmuskeln, zum Beispiel bei Verdauungsproblemen oder bei trächtigen Stuten.

Bodenhindernisse
Dienen zur Verbesserung des Gleichgewichts und der Koordination des Pferdes. Es gibt verschiedene Bodenhindernisse aus Stangen, Tonnen, Strohballen oder Plastik.

Botschafter der Tiere
Ein internationaler Zusammenschluß von Menschen, die sich für das Wohl und die Erhaltung der Tierwelt aktiv einsetzen und sich als Fürsprecher der Tiere verstehen.

Brieftaube
Das Pferd wird von zwei Personen geführt, die seitlich stehen wie die ausgebreiteten Flügel einer Taube. Durch diese Art zu führen, lernt das Pferd, den Fluchtinstinkt zu überwinden. Als Hilfsmittel werden eine Führkette, eine Lamaleine und zwei Zauberstäbe benötigt.

Delphine schnellen durch die Wellen
Eine Führposition als Vorbereitung auf das Longieren und bei Pferden, die ihren Abstand nicht halten. Das Pferd lernt dabei, sich im gewünschten Abstand zur Führperson zu bewegen.

Dem Kamel einen Tip geben
Eine Führposition, um das Pferd aus dem Dingo heraus anzuhalten. Das Pferd lernt dabei, seinen Schwerpunkt nach hinten zu verlagern und im Gleichgewicht anzuhalten.

Dingo
Eine Führposition, bei der das Pferd lernt, mit der Hinterhand unterzutreten. Als Hilfsmittel dienen eine Führkette und ein Zauberstab.

Eleganter Elefant
Die stärkste Führposition, in der man die größte Kontrolle über das Pferd hat. Sie eignet sich besonders für das Führen von Jungpferden oder von Pferden, die überschüssige Energie haben. Man benötigt dazu eine Führkette und einen Zauberstab.

Feldenkrais-Methode
Dabei lernen Menschen, ihren Körper durch ungewohnte Bewegungen anders als bisher einzusetzen.

Führkette
Eine 75 cm lange Kette an einem Nylonband, die in der Bodenarbeit benutzt wird.

Führpositionen
Es gibt verschiedene Führpositionen, die sich in der Verwendung von Kette, Zauberstab und der Position der Führperson zum Pferd unterscheiden. Sie fördern das Gleichgewicht und die Koordination des Pferdes und vertiefen die Beziehung zwischen Mensch und Pferd.

Grooma
Gummistriegel mit weichen Noppen.

Halsring
Ein Ring aus einem kunststoffbeschichteten, versteiften Seil, mit dem das Pferd über den Hals gelenkt wird.

Körperband
Elastische Bandagen aus Baumwolle, die man in verschiedenen Längen und Breiten kaufen kann.

Lamaleine
Eine weiche Führleine, die wie die Führkette diagonal über das Nasenband des Halfters verschnallt wird.

Lecken der Kuhzunge
Ein langer, diagonal über das Fell streichender TTouch .

Liegender Leopard
Eine Abwandlung des Wolken-Leoparden. Die Hand liegt jedoch flacher auf und erlaubt durch die größere Auflagefläche einen wärmeren Kontakt.

Lindel
Eine gebißlose Zäumung.

Maularbeit
Ein TTouch am Maul des Pferdes, am Zahnfleisch, den Lippen und um das Maul herum.

Oktopus-TTouch
Dieser TTouch, der mit beiden Händen ausgeführt wird, fördert die Durchblutung der Beine und eignet sich besonders für Pferde, die verspannte Beine haben, stolpern, nervös sind oder scheuen.

Ohrenarbeit

Ein streichender oder kreisender TTouch am Ohr des Pferdes. Die Stimulation der Akupressurpunkte am Ohrenansatz und in der Ohrenspitze wirkt positiv auf den gesamten Körper des Pferdes.

Pfauenrad

Eine Führposition, um Pferde, die zur Führperson hindrängen, auf Abstand zu halten. Man benötigt dafür eine Führkette und einen Zauberstab.

Python-TTouch

Ein TTouch, der helfen kann, Muskelverspannungen und Krämpfe abzubauen und an den Beinen das Balancegefühl zu fördern. Dabei wird die Haut mit beiden Händen bewegt.

Rollerbit

Auch Trainingsgebiß genannt. Ein Stangengebiß mit einer kleinen Kupferrolle in der Mitte. Es wird mit Doppelzügel geritten.

Rückenheben

Ein TTouch, der das Pferd dazu bringt, den Rücken anzuheben.

Scheuparcours

Bodenhindernisse, durch die Pferde lernen können, Angst zu überwinden und nicht mehr zu scheuen.

Schweifarbeit

TTouches und Bewegungen, die am und mit dem Schweif ausgeführt werden (Schweifkreisen, -biegen, -ziehen). Die Schweifarbeit führt dazu, daß die Körperhaltung des Pferdes entspannter wird und kann außerdem das Selbstvertrauen des Pferdes steigern.

Sprung des Känguruhs

Eine Führposition besonders für kopfscheue Pferde, die auch der Vorbereitung zum Aufsitzen oder zum Verladen in einen Pferdehänger dient. Das Pferd gewöhnt sich dabei an eine Bewegung über seinem Kopf.

TTEAM = „Tellington-Jones Equine Awareness Method"

Die TTEAM-Methode wurde von Linda Tellington-Jones entwickelt und besteht aus dem TTouch (Körperarbeit), der Bodenarbeit und dem Reiten mit Freude und Bewußtheit auf der Basis des Balancesitzes.

TTouch

Verschiedene, meist kreisförmige Berührungen. Dadurch lernt das Pferd, sich zu entspannen und seinen eigenen Körper besser zu spüren.

Turmfalke-TTouch

Die Haltung der Hände bei diesem TTouch erinnert an einen Turmfalken, der mit ausgebreiteten Schwingen durch die Luft segelt. Die an den Handgelenken überkreuzten Hände führen gleichzeitig Wolken-Leopard-Kreise aus. Dadurch kann auf einer größeren Fläche gearbeitet werden.

Waschbär

Ein ganz leichter TTouch für empfindliche Stellen. Mit den Fingerspitzen werden bei kleinstmöglichem Druck kreisende Bewegungen ausgeführt.

Wolken-Leopard

Die Grundform des TTouches. Dabei werden kreisende Bewegungen mit leicht gekrümmter Hand ausgeführt, wobei Finger- und Handballen aufliegen.

Zauberstab

Eine 120 cm lange, steife Gerte mit einem Knopf. Sie wird zum Beispiel für Signale und zum Abstreichen des Pferdekörpers benutzt.

So wirst du ein Botschafter der Tiere

Verschiedene Indianerstämme, zum Beispiel die Hopi in Nordamerika, glauben, daß bestimmte Tiere ihre Schutzgeister – auch Totem genannt – sind. Die Totems verbünden sich mit dem Menschen und geben ihnen Kraft und Stärke.

Heute sind viele Tierarten so bedroht, daß es Zeit wird, diesen Gedanken auch umzukehren. Jetzt ist es an uns Menschen, ein Totem für die Tiere zu sein, sie zu achten, ihnen zu helfen und sie zu schützen.

Wenn du auch ein Botschafter oder eine Botschafterin der Tiere werden möchtest, dann suche dir ein Tier, mit dem du dich besonders verbunden fühlst. Lerne soviel wie möglich über dieses Tier und seine Bedürfnisse, wie es lebt, was es braucht, um gesund und zufrieden zu sein, und wie du es nach besten Kräften schützen und ihm helfen kannst.

Wenn du möchtest, kannst du dir die Urkunde auf der Seite 119 aus dem Buch herausschneiden, ausfüllen und bei dir aufhängen. Dann erinnert sie dich immer an dein Tier und dein Versprechen.

Die TTEAM-Philosophie

✳ Wir achten jedes Tier und sehen es als Lehrer für uns und unser Leben.

✳ Wir setzen uns ein für Harmonie, Vertrauen und Zusammenarbeit zwischen Mensch und Tier und den Menschen untereinander.

✳ Wir schätzen und respektieren die jedem Tier und jedem Menschen eigene Persönlichkeit und Art und Weise, zu lernen und sich zu entwickeln.

✳ Unsere Zusammenarbeit mit Tieren baut nicht auf Macht und Beherrschung, sondern auf Verständnis und Vertrauen.

TT.E.A.M.®-Kurse, Bücher und Videos

TT.E.A.M.®-Kurse

Die TT.E.A.M.®-Gilde ist ein Zusammenschluß von ca. 100 erfahrenen Pferde- und auch Hundeleuten in Europa. Sie wurden und werden von Linda Tellington-Jones in der TT.E.A.M.®-Arbeit ausgebildet und nehmen kontinuierlich an Fortbildungen teil, um auf dem neuesten Stand der TT.E.A.M.®-Entwicklung zu sein.

Viele der TT.E.A.M.®-Lehrer bieten auch spezielle Kurse für Kinder an.

Wer sich für Kurse, Seminare oder Workshops bei Linda Tellington-Jones oder bei einem TT.E.A.M.®-Lehrer interessiert, wendet sich am besten an die untengenannte Adresse des TT.E.A.M.®-Büros seines Landes.

Kontaktadressen

Deutschland
Bibi Degn
Hassel 4
D-57589 Pracht
Tel.: 0 26 82/88 86
Fax: 0 26 82/66 83
Email: gilde@tteam.de

Österreich
Ruth & Martin Lasser
Anningerstraße 18
A-2353 Guntramsdort
Tel.: 0 22 36/4 70 00
Fax: 0 22 36/4 70 70
Email: ejalias@aol.com

Schweiz
Doris Süess-Schröttle
Mascot-Ausbildungszentrum AG
CH-8566 Neuwilen
Tel.: 0 71/6 99 18 25
Fax: 0 71/6 99 18 27
Email: mascot@swissonlinwe.ch

Bücher und Videos von und mit Linda Tellington-Jones

Bücher:

TTouch und TTeam für Pferde
64 Seiten, 146 Abbildungen.
Stuttgart 2002

Liebe Linda. Pferdefreunde fragen Linda Tellington-Jones. 112 Seiten, 17 Farbfotos und zahlreiche s/w-Illustrationen. Stuttgart 1997

Die Persönlichkeit Ihres Pferdes
Die Kunst, Charakter und Temperament Ihres Pferdes zu bestimmen und positiv zu beeinflussen. 240 Seiten mit zahlreichen s/w-Fotos und Illustrationen. Stuttgart 1995

Die Tellington-Methode. So erzieht man sein Pferd. Zürich 1993

Der neue Weg im Umgang mit Tieren. Die Tellington-Methode. 271 Seiten mit Fotos und Zeichnungen. Stuttgart 1993

Tellington-Training für Hunde
Das Praxisbuch zu TTouch und TTeam. Neue Wege zur Verständigung mit Ihrem Hund. Stuttgart 1999. 112 Seiten, 2 Ausklapptafeln, 214 Farbfotos

Trainingspläne zum Aufhängen in der Box, im Stall, am Putzplatz oder zu Hause
Trainingsplan TTouch
61 Farbfotos auf großformatigen Farbtafeln und klare Erklärungen zu jeden TTouch mit zahlreichen Illustrationen

Trainingsplan Bodenarbeit
65 Farbfotos mit großformatigen Farbtafeln und klare Erklärungen zu jeder Übung mit zahlreichen Illustrationen

Videos

TTouch für Dressurpferde
Mit Nicole Uphoff und Klaus Balkenhol. 50 Minuten Spieldauer

TTouch für Springpferde
Mit Otto Becker, Claus Erhorn und Bettina Overesch. 50 Minuten Spieldauer

Die Persönlichkeit Ihres Pferdes
Die Kunst, Charakter und Temperament Ihres Pferdes zu bestimmen und positiv zu beeinflussen. 50 Minuten Spieldauer

Reiten nach der TTeam-Methode
Neue Wege für bewusstes Reiten mit und ohne Zaumzeug, Hindernistraining. 50 Minuten Spieldauer

TTeam Bodenarbeit
Führ- und Hindernistraining an der Hand, Schritt für Schritt zum sicheren und selbstbewussten Pferd. 50 Minuten Spieldauer

Tellington-Training für Hunde
Neue Wege zur Verständigung mit Ihrem Hund. 50 Minuten Spieldauer

Weitere Titel in Planung. Besuchen Sie uns auf unserer Homepage www.kosmos.de

---

TT.E.A.M.® ist ein eingetragener Begriff und in Deutschland geschützt.

Register

Hier findest du eine alphabetische Liste von wichtigen Namen und Begriffen, die in diesem Buch vorkommen. Die danebenstehenden Zahlen zeigen dir, auf welcher Seite im Buch du mehr darüber erfahren kannst.

Botschafter der Tiere

Diese Urkunde wird verliehen an

_____
(Name)

Er/Sie hat sich bereiterklärt, ein Botschafter/eine Botschafterin und
Fürsprecher/Fürsprecherin für alle

_____ der Erde zu sein.
(Tierart oder Tiergruppe)

Ich verspreche hiermit feierlich, mich mit Herz, Hand und Stimme nach besten Kräften für diese
Tiere einzusetzen, für sie zu sprechen und sie zu schützen, wo immer ich kann.
Ich schließe mich allen anderen Botschaftern der Tiere überall auf der Welt an und freue mich
über diese Verbindung zwischen Mensch und Tier und Menschen untereinander.

Linda Tellington-Jones

_____
Datum

_____
Deine Unterschrift